280 Keywords Kreditgeschäft

Springer Fachmedien Wiesbaden GmbH
(Hrsg.)

280 Keywords Kreditgeschäft

Grundwissen für Fachleute aus der Finanzwirtschaft

Hrsg.
Springer Fachmedien Wiesbaden GmbH
Wiesbaden, Deutschland

ISBN 978-3-658-23746-2   ISBN 978-3-658-23747-9 (eBook)
https://doi.org/10.1007/978-3-658-23747-9

Die Deutsche Nationalbibliothek verzeichnet diese Publikation in der Deutschen National-bibliografie; detaillierte bibliografische Daten sind im Internet über http://dnb.d-nb.de abrufbar.

Springer Gabler
© Springer Fachmedien Wiesbaden GmbH, ein Teil von Springer Nature 2019
Das Werk einschließlich aller seiner Teile ist urheberrechtlich geschützt. Jede Verwertung, die nicht ausdrücklich vom Urheberrechtsgesetz zugelassen ist, bedarf der vorherigen Zustimmung des Verlags. Das gilt insbesondere für Vervielfältigungen, Bearbeitungen, Übersetzungen, Mikroverfilmungen und die Einspeicherung und Verarbeitung in elektronischen Systemen.
Die Wiedergabe von Gebrauchsnamen, Handelsnamen, Warenbezeichnungen usw. in diesem Werk berechtigt auch ohne besondere Kennzeichnung nicht zu der Annahme, dass solche Namen im Sinne der Warenzeichen- und Markenschutz-Gesetzgebung als frei zu betrachten wären und daher von jedermann benutzt werden dürften.
Der Verlag, die Autoren und die Herausgeber gehen davon aus, dass die Angaben und Informationen in diesem Werk zum Zeitpunkt der Veröffentlichung vollständig und korrekt sind. Weder der Verlag noch die Autoren oder die Herausgeber übernehmen, ausdrücklich oder implizit, Gewähr für den Inhalt des Werkes, etwaige Fehler oder Äußerungen. Der Verlag bleibt im Hinblick auf geografische Zuordnungen und Gebietsbezeichnungen in veröffentlichten Karten und Institutionsadressen neutral.

Springer Gabler ist ein Imprint der eingetragenen Gesellschaft Springer Fachmedien Wiesbaden GmbH und ist ein Teil von Springer Nature
Die Anschrift der Gesellschaft ist: Abraham-Lincoln-Str. 46, 65189 Wiesbaden,Germany

Autorenverzeichnis

Dr. Dr. Jörg Berwanger
Steag New Energies GmbH, Saarbrücken,
Themengebiete: Bürgerliches Recht, Handels- und Gesellschaftsrecht

Dr. Cordula Heldt
Deutsches Aktieninstitut e.V., Frankfurt am Main,
Themengebiete: Wertpapiergeschäft, Wertpapierrecht

Dr. Nils Helms
Technische Universität Kaiserslautern, Kaiserslautern,
Themengebiet: Kreditgeschäft

Prof. Dr. Reinhold Hölscher
Technische Universität Kaiserslautern, Kaiserslautern,
Themengebiet: Kreditgeschäft

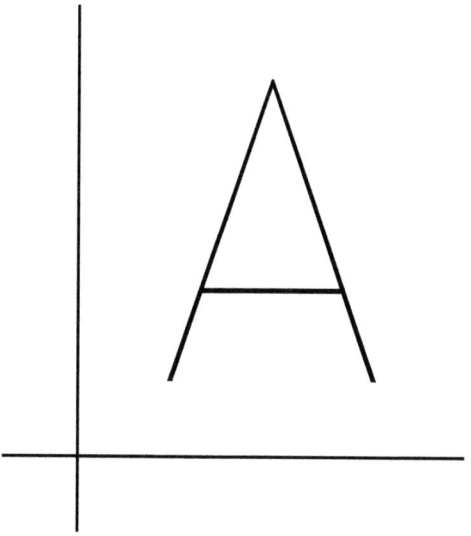

© Springer Fachmedien Wiesbaden GmbH, ein Teil von Springer Nature 2019
Springer Fachmedien Wiesbaden (Hrsg.), *280 Keywords Kreditgeschäft*,
https://doi.org/10.1007/978-3-658-23747-9_1

à forfait

Französisch: in Bausch und Bogen; bezieht sich auf den Ankauf von Forderungen unter gleichzeitigem Verzicht auf Rückgriffsrechte gegenüber dem Verkäufer (Forfaitierung). Auf einem Wechsel wird mit diesem Zusatz ein möglicher Rückgriff ausgeschlossen.

Abrufrisiko

Begriff aus dem Kreditwesen: Gefahr einer unerwarteten Inanspruchnahme von Kreditzusagen (aktivisch) bzw. von unplanmäßigen Verfügungen von Gläubigern über ihre Einlagen (passivisch).

Das Abrufrisiko ist eine Form des Liquiditätsrisikos, unter dem allgemein die Gefahr verstanden wird, dass Kapitalzu- und -abflüsse zulasten der Liquidität nicht aufeinander abgestimmt auftreten. Zur Begrenzung des Liquiditätsrisikos verlangt die europäische Bankenaufsicht die Einhaltung bestimmter Liquiditätsanforderungen, wobei liquiditätswirksame Zahlungen erfasst und bewertet werden. Auf nationaler Ebene erwartet die Bundesanstalt für Finanzdienstleistungsaufsicht (BaFin) von den Kreditinstituten ein bankinternes Risikomanagement (entsprechend der Mindestanforderungen an das Risikomanagement – MaRisk – BTR 3).

Abzahlungshypothek

Ratenhypothek; Form einer Hypothek, bei der die Rückzahlung des langfristig gewährten Darlehns in gleichbleibend hohen Tilgungsraten erfolgt. Da aufgrund der regelmäßig abnehmenden Restschuld die Zinsen sinken, verringern sich auch die vom Schuldner insgesamt zu erbringenden Kapitaldienstleistungen (*anders*: Tilgungs- oder Annuitätenhypothek sowie Kündigungs- bzw. Fälligkeitshypothek).

In der heutigen Praxis des Kreditgeschäftes sind Hypotheken weitgehend unüblich, Kredite werden zumeist durch Grundschulden besichert.

Aktivgeschäfte

Bankgeschäfte, die auf der Aktivseite der Bankbilanz ausgewiesen werden. Hierzu zählen insbesondere Kreditgeschäfte, aber auch eigene Anlagegeschäfte der Bank (Kauf von Wertpapieren oder Beteiligungen).

Akzept

Beim gezogenen Wechsel die schriftliche Annahmeerklärung des Wechselschuldners (Bezogener), den Wechselbetrag zu einem im Wechsel bestimmten Zeitpunkt an den Begünstigten (Wechselnehmer) zu zahlen. Die Annahmeerklärung erfolgt durch die Unterschrift des Bezogenen links auf der Vorderseite des Wechsels quer zum Wechseltext unter dem vorgedruckten Wort „Angenommen" (quer schreiben). Mit der Annahme verpflichtet sich der Bezogene, die Wechselsumme bei Fälligkeit zu zahlen (Art. 28 I WG).

Für die Annahme des Wechsels schreibt das Wechselgesetz bestimmte Regeln vor (Art. 21ff. WG): So gibt es Vorlegungsgebote (z. B. kann der Wechselaussteller vorschreiben, dass die Annahme innerhalb einer bestimmten Frist erfolgen muss) und Vorlegungsverbote (z. B. kann der Wechselaussteller in bestimmten Fällen die Annahme ganz oder innerhalb eines festgelegten Zeitraumes untersagen).

Das Akzept kann in verschiedenen Formen erfolgen, als:

a) *Kurzakzept:* Besteht nur aus der Unterschrift des Bezogenen ohne weitere Ergänzungen;

b) *Vollakzept:* Liegt vor, wenn außer der Unterschrift auch der Wechselbetrag sowie Ort und Tag der Annahme aufgeführt sind (vorgeschrieben für Wechsel auf eine bestimmte Zeit nach Sicht – Art. 25 II WG);

c) *Teilakzept:* Liegt vor, wenn der Bezogene die Forderung nicht in voller Höhe anerkennt, z. B. wegen Mängel;

d) *Aval- oder Bürgschaftsakzept:* Liegt vor, wenn als zusätzliche Sicherheit noch die Unterschrift eines Bürgen verlangt wird;

e) *Blankoakzept:* Liegt vor, wenn ein unvollständig ausgefülltes Wechselformular akzeptiert wird. Wird die Annahme des Wechsels vom Bezogenen verweigert, kann Wechselprotest mangels Annahme erhoben werden.

Im Geschäftsverkehr wird ein angenommener Wechsel auch als Akzept bezeichnet.

Akzeptkredit

Wechselkredit, bei dem ein Kreditinstitut gegen Berechnung einer Akzeptprovision einen von ihrem Kunden gezogenen Wechsel akzeptiert (Bankakzept, eigene Akzepte). Die Bank haftet damit für die Einlösung des Wechsels. Spätestens einen Tag vor Fälligkeit des Wechsels hat der Kunde den Wechselbetrag zur Verfügung zu stellen. Akzeptkredite gehören zu den Geschäften der Kreditleihe, bei denen das Kreditinstitut seine (gute) Bonität auf den Wechsel überträgt. Für das Kreditinstitut entsteht nur dann ein Risiko, wenn der Kunde den Betrag nicht oder nicht rechtzeitig bezahlt. Deshalb stellen Akzeptkredite für Kreditinstitute Eventualverbindlichkeiten dar.

Akzeptkredite werden vor allem im Außenhandel zur Finanzierung von Importgeschäften verwendet (Rembourskredit). Andere Verwendungsmöglichkeiten wie die Verwendung des Bankakzeptes zur Bezahlung von Verbindlichkeiten aus Warenlieferungen sowie zur Beschaffung liquider Mittel (Finanzwechsel) durch Diskontierung haben heute im Kreditgeschäft an Bedeutung verloren.

Akzeptverbindlichkeiten

Verpflichtungen aus der Annahme gezogener Wechsel (Bankakzept).

Bei Kreditinstituten erfolgt der Ausweis auf der Passivseite der Bilanz innerhalb der Position „verbriefte Verbindlichkeiten" unter „eigene Akzepte und Solawechsel im Umlauf", die Forderungen gegenüber Kreditnehmern aus Akzeptverträgen werden auf der Aktivseite bilanziert.

Annahme

1. *Annahme eines Vertragsangebots:* Erklärung, mit der eine Person ihr Einverständnis mit einem Angebot (im Gesetz: „Antrag") ausdrückt. Ein Vertrag kommt durch zwei übereinstimmende Willenserklärungen zustande: Angebot und Annahme (§§ 145, 146 BGB).

2. *Annahme eines Wechsels:* Bei einem gezogenen Wechsel die schriftliche Erklärung eines Bezogenen, die geforderte Wechselsumme bei Fälligkeit zu zahlen (Art. 28 I WG).

3. *Annahme einer Erbschaft:* Erklärung, eine Erbschaft dauerhaft behalten zu wollen. Die Erklärung kann formfrei erfolgen und kann auch durch schlüssiges Verhalten zustande kommen (z. B. durch Antrag auf Erteilung eines Erbscheins, Veräußerung von Erbschaftsgegenständen). Die Annahme darf nicht an Bedingungen geknüpft werden. Der Erbe hat sechs Wochen Zeit, ein Erbe auszuschlagen.

Rechtsgrundlagen: §§ 1942 ff. BGB.

Anschaffungsdarlehen

Veralteter Ausdruck für einen standardisierten Konsumentenkredit, der in festen monatlichen Raten zurückgezahlt wird (Ratenkredit). Je nach Anbieter werden unterschiedliche Bezeichnungen verwendet: z. B. persönlicher Kredit, Sofortkredit, Kleinkredit, Wunschkredit oder auch Autokredit.

Die Kredite werden hauptsächlich an Privatpersonen für Konsumausgaben vergeben (Auto, Möbel, Reisen). Die Laufzeiten bewegen sich meist zwischen 6 und 72 Monaten und die Höhe des Kredits beträgt üblicherweise bis 50.000 Euro. Die Bearbeitung ist standardisiert, sodass der Antrag auch online gestellt werden kann. Zur Sicherstellung des Kredits wird die persönliche Kreditwürdigkeit geprüft, häufig ergänzt durch eine Auskunft, die bei der SCHUFA eingeholt wird, sowie eine Gehaltsabtretung und Restschuldversicherung.

Arresthypothek

Besondere Form einer Sicherungshypothek, die im Grundbuch des Schuldners eingetragen wird. Hat der Gläubiger eine Geldforderung oder einen Anspruch, der in eine Geldforderung übergehen kann, besteht die Möglichkeit einer Arresthypothek zur Sicherung einer zukünftigen Zwangsvollstreckung (insbesondere bei drohender Vollstreckungsvereitelung). Mit einem Arrest wird in einem gerichtlichen Eilverfahren ein vorläufiger Rechtsschutz im Zivilprozess erreicht, solange bis der Gläubiger über einen vollstreckbaren Titel verfügt (vgl. §§ 916–945 ZPO, hier insbesondere § 932 ZPO).

Asset Deal

Form eines Unternehmenskaufs, bei dem die Wirtschaftsgüter eines Unternehmens (englisch assets), z. B. Maschinen oder Rechte, einzeln erworben und auf den Käufer übertragen werden (Einzelrechtsnachfolge bzw. Singularsukzession). Die Übertragung erfolgt an einem vertraglich vereinbarten Stichtag. Ausgenommen von der Übertragung sind Wirtschaftsgüter, die im Eigentum eines Gesellschafters stehen und von der Gesellschaft genutzt werden.

Anders: Share Deal, bei dem Unternehmensanteile gekauft werden.

Ausfallrisiko

1. *Allgemein*: Gefahr eines Verlustes, weil Schuldner teilweise oder vollständig ihren Zahlungen nicht nachkommen oder weil Sachwerte und Wertpapiere an Wert verlieren oder wertlos werden.

2. *Speziell im Kreditgeschäft*: Die Gefahr, dass Kreditnehmer die vertraglich vereinbarten Zins- und Tilgungszahlungen nicht oder nur teilweise leisten. Darüber hinaus besteht die Gefahr, dass durch eine Verschlechterung der Bonität des Kreditnehmers die Wahrscheinlichkeit steigt, dass der Kredit ausfällt und dass dann bereits zusätzliche Kosten bzw. Verluste entstehen. Bei Aktienpositionen im Bestand eines Unternehmens können bereits Schwankungen des Aktienkurses einen Vermögensverlust nach sich ziehen (spezifisches Aktienkursrisiko oder Anteilseignerrisiko). Auch bei der Geldanlage in festverzinslichen Wertpapieren können durch eine Bonitätsverschlechterung des Emittenten Zinsen oder Rückzahlungsbeträge ganz oder teilweise ausfallen. Werden Länderkredite vergeben, so besteht außerdem die Gefahr, dass neben dem in der Person des Kreditnehmers oder Staates begründeten Bonitätsrisiko durch Beschränkungen im internationalen Zahlungsverkehr oder durch staatliche Eingriffe Zahlungen nicht geleistet werden (Länderrisiko).

3. Zur *Quantifizierung des erwarteten Ausfallrisikos* führen Kreditinstitute verschiedene Berechnungen durch. Zielsetzung ist die Ermittlung der erwarteten Risikokosten, die über Risikoprämien in den Kreditpreis mit eingerechnet werden. Dabei wird zunächst die Bonität des Kreditnehmers bestimmt, insbesondere durch Einsatz von Ratings. Kreditnehmer bzw.

Kredite werden zu homogenen Gruppen zusammengefasst, deren Risiko in etwa gleich eingeschätzt wird. In Abhängigkeit von dem ermittelten Risiko wird eine Risikoprämie an den Kunden weitergeben, d. h. wird das Risiko niedrig eingeschätzt, ist diese Prämie gering, bei einem hohen Risiko verteuert sich der Kredit. Entsprechend des tatsächlichen Risikoprofils fordert die Bankenaufsicht (Europäische Zentralbank, Bundesanstalt für Finanzdienstleistungsaufsicht (BaFin)) von den Kreditinstituten ein angemessenes Eigenkapital. Neben den Vorschriften der CRR, des KWG sowie der Solvabilitätsverordnung haben Banken qualitative Mindestanforderungen an das Risikomanagement (MaRisk) zu erfüllen.

Auslandskredite

Kredite, die bei ausländischen Kreditinstituten aufgenommen werden. Auslandskredite werden in Euro oder in fremder Währung vergeben. Der Hauptgrund für die Aufnahme von Auslandskrediten ist vor allem im unterschiedlichen Zinsniveau zu sehen. Bei Fremdwährungskrediten besteht bedingt durch Wechselkursschwankungen zusätzlich ein Währungsrisiko.

Für Kredite, die im Ausland vergeben werden, werden keine Auskünfte von Auskunfteien insbesondere der SCHUFA eingeholt und diese Kredite werden auch nicht an die SCHUFA gemeldet. Deswegen ziehen auch Kunden, die wegen negativer SCHUFA-Einträge in Deutschland nicht problemlos einen Kredit bekommen würden, einen Auslandskredit vor. Andere Kunden bevorzugen Auslandskredite wegen der größeren Diskretion. Die Vergabe erfolgt häufig über Kreditvermittler und/oder über Onlineportale.

Aussteller eines Wertpapiers

Derjenige, der die Urkunde ausfertigt und begibt oder durch einen anderen begeben lässt. Der Aussteller eines Wertpapiers muss voll geschäftsfähig sein; bei beschränkt Geschäftsfähigen ist Zustimmung des gesetzlichen Vertreters erforderlich.

1. Der Aussteller eines *gezogenen Wechsels* (Trassant) gibt dem Bezogenen die Anweisung zur Zahlung des Wechselbetrages und übernimmt zu-

gleich die wechselmäßige Rückgriffsverpflichtung. Er haftet für Annahme und Zahlung des Wechsels (Art. 9 I WG).

2. Der Aussteller eines *eigenen Wechsels* (Solawechsel) gibt in der Wechselurkunde das unbedingte Versprechen, eine bestimmte Geldsumme zu zahlen. Er haftet in der gleichen Weise wie der Wechselnehmer eines gezogenen Wechsels.

3. Der Aussteller eines *Schecks* gibt dem Überbringer oder Einreicher des Schecks die Anweisung, die in dem Scheck genannte Summe aus dem Guthaben des Ausstellers zu zahlen.

4. Der Aussteller von *Effekten*, auch als Emittent bezeichnet, ist der Schuldner dieser Wertpapiere und tritt je nach Ausgestaltung des Wertpapiers für seine Pflichten (z. B. Rückzahlung, Verzinsung, Gewinnbeteiligung) ein.

Aval

Bankaval (ital. *avallo* = Bürgschaft), umfasst als Obergriff sowohl Bürgschaften als auch Garantien. Ein Aval wird immer dann vergeben, wenn ein Kunde gegenüber Dritten nachweisen muss, dass bestimmte Verbindlichkeiten bei Fälligkeit auch erfüllt und Zusagen eingehalten werden. Typische Beispiele sind: Mietaval, Gewährleistungsaval, Vertragserfüllungsaval, Anzahlungsaval, Bietungsaval oder Wechselaval. Im letzten Fall (Wechselbürgschaft) unterschreibt ein Bürge für einen Wechselschuldner mit dem Zusatz „per aval".

Avalkredit

(Bank-)Aval. Oberbegriff von Bürgschafts- und Garantieerklärungen, die Kreditinstitute zugunsten eines Kunden abgeben.

1. *Kennzeichen:* Haftungsübernahme durch Kreditinstitute (Avalkreditgeber) für und im Auftrag eines Kunden (Avalkreditnehmer) gegenüber Dritten im In- oder Ausland (Begünstigter). Die Bank stellt dabei keine liquiden Mittel, sondern ihre eigene Kreditwürdigkeit zur Verfügung (Kreditleihe). Da im Normalfall (d. h. kein Leistungsausfall des Kreditnehmers) kein Liquiditätseinsatz des Avalkreditgebers erforderlich ist, stellen Aval-

kredite grundsätzlich Eventualverbindlichkeiten dar, die bei Bilanzierung nach HGB als solche in der Bilanz „unter dem Strich" in der Position „Verbindlichkeiten aus Bürgschaften und Gewährleistungsverträgen" auszuweisen sind. (Bei der Bilanzierung nach IFRS sind diese Informationen in den Notes aufzuführen.) Muss ein Kreditinstitut befürchten, aus einem Avalkredit in Anspruch genommen zu werden, sind für diese drohenden Kreditausfälle Rückstellungen zu bilden.

2. *Rechtsverhältnis:*

a) Zwischen Avalkreditgeber und -nehmer liegt eine Geschäftsbesorgung (§ 675 BGB) vor.

b) Zwischen dem Avalkreditgeber und dem Begünstigten aus dem Aval wird die Rechtsbeziehung von der Art des Avales bestimmt. Grundsätzlich kommen dafür die Bürgschaft (§§ 765 ff. BGB), der Kreditauftrag (§ 778 BGB) – heute eher unüblich – sowie die im Auslandsgeschäft gebräuchliche Garantie infrage.

3. *Formen:* Die Form des Avalkredites wird vorwiegend durch den beabsichtigten Verwendungszweck und den dadurch bedingten Haftungsumfang bestimmt. Avalkredite haben eine kurz-, mittel- oder langfristige Laufzeit; im Auslandsgeschäft sind auch unbefristete Avalkredite gebräuchlich, die grundsätzlich erst erlöschen, nachdem der Begünstigte keinerlei Anspruch mehr gegen den Avalkreditgeber geltend machen kann, d. h. nach Rückgabe der Avalurkunde oder bei Verzicht auf die aus dem Aval entstehenden Rechte und Pflichten. Die wichtigsten Avalkredite sind: Kreditbürgschaft, Frachtstundungsbürgschaft, Prozessbürgschaft, Bietungsgarantie, Anzahlungsgarantie, Lieferungs- und Leistungsgarantie einschließlich Gewährleistungsgarantie, im Privatkundengeschäft auch Mietkautionsavale. Im Auslandsgeschäft ist die Konnossementsgarantie gebräuchlich.

4. *Kosten:* Kreditinstitute stellen dem Avalkreditnehmer die sogenannte Avalprovision (als Prozentsatz der Bürgschafts- bzw. Garantiesumme) in Rechnung. Sie ist unter anderem abhängig von der Laufzeit des Avalkredits, der Bonität des Kreditnehmers, der Höhe der Risiken sowie den gestellten Sicherheiten. Die Höhe des Satzes variiert normalerweise zwischen 0,5 Prozent und 10 Prozent p.a.

Avis

Französisch für *Ankündigung, Bericht.*

1. *Allgemein:* Mitteilung an den Empfänger über voraussichtliche Ankunft einer Lieferung oder Zahlung.

2. *Beim Wechsel oder Scheck:* Benachrichtigung an den Bezogenen oder an seine Hausbank, dass der Wechsel bzw. Scheck zur Einlösung vorgelegt wird.

3. *Beim Akkreditiv:* Mitteilung der Akkreditivstelle an den Exporteur über den Eingang eines Akkreditivs.

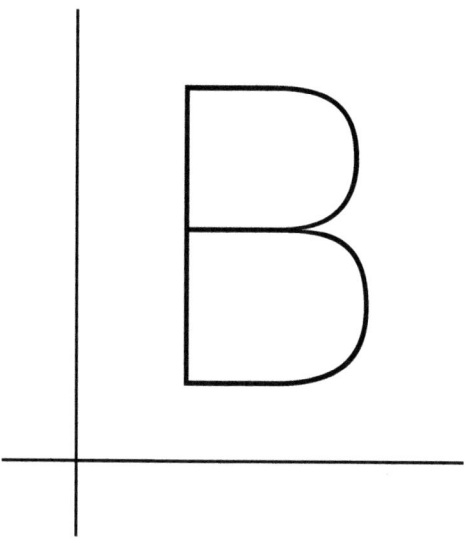

© Springer Fachmedien Wiesbaden GmbH, ein Teil von Springer Nature 2019
Springer Fachmedien Wiesbaden (Hrsg.), *280 Keywords Kreditgeschäft*,
https://doi.org/10.1007/978-3-658-23747-9_2

Back-up Facility

Stand-by Linie, Back-up Line; Kreditlinie, die eine Bank einem Kunden im Zusammenhang mit der Emission von Geldmarktpapieren zur Liquiditätssicherung einräumt.

Back-up Line

Back-up Facility, Back-up-Kreditlinie, Stand-by Linie; die von einer Bank (oder einem Bankenkonsortium) eingeräumte Höchstgrenze, bis zu der sich Kunden während der Laufzeit revolvierend Finanzmittel durch Emission von Geldmarktpapieren (Euronotes, Commercial Papers, Medium Term Notes) beschaffen können. Je nach Finanzbedarf werden Einzeltranchen in verschiedener Höhe, unterschiedlicher Laufzeit und Währung emittiert.

Die Bank fungiert zunächst dabei als Vermittler und hat für einen reibungslosen Handel dieser Papiere zu sorgen. Wenn eine Platzierung der Geldmarktpapiere am Primärmarkt nicht gelingt, so ist die Bank verpflichtet, diese Papiere in ihren eigenen Bestand zu übernehmen. Diese Platzierungs- und Übernahmeverpflichtungen haben Banken als ergänzende Angabe unter dem Strich zu bilanzieren und über die Inanspruchnahme im Anhang zu berichten (§ 27 I RechKredV).

Bankakzept

Wechsel, der im Rahmen eines Akzeptkredits von einem erstklassigen Kunden auf eine Bank (bzw. Kreditinstitut) gezogen wurde und den diese akzeptiert hat.

Die Bank wird damit der Bezogene aus dem Wechselgeschäft und ist damit verpflichtet, an den Begünstigten (z. B. ein Lieferant des Kunden) bei Fälligkeit zu zahlen. Der Bankkunde erhält somit von der Bank einen Kredit. Bankakzepte werden vor allem im Außenhandel zur Finanzierung von Importgeschäften verwendet. Bankakzepte können aber auch als Zahlungsmittel zur Begleichung von Verbindlichkeiten im Inland oder als Kreditmittel zur Beschaffung von liquiden Mitteln (Finanzakzept) eingesetzt werden. Diese beiden Möglichkeiten haben jedoch in der Praxis kaum noch Bedeutung.

Bankassurance – Assurancebanking

Bankassurance oder Assurancebanking bezeichnet die Zusammenarbeit und den gemeinsamen Marktauftritt von Kreditinstituten (Banken) und Versicherungsunternehmen, auch allgemein Allfinanz genannt. Ziel dabei ist es, den Kunden ein umfassendes und abgestimmtes Produktangebot an Finanzdienstleistungen zu unterbreiten und so die Kundenbindung zu stärken, um nachhaltige und regelmäßige Erträge zu erwirtschaften.

Bankavis

Bei der Abwicklung eines Dokumentenakkreditivs: Mitteilung einer Bank (Akkreditivstelle = Bank des Exporteurs) an den Exporteur, dass zu seinen Gunsten ein Akkreditiv eröffnet wurde (Eröffnung des Akkreditivs durch die Akkreditivbank = Bank des Importeurs). Zusätzlich kann die Bank durch eine verbindliche Verpflichtungserklärung (Bestätigung) die Haftung für die Einlösung der Dokumente abgeben. Damit erhält der Exporteur Gewissheit über die Bezahlung seiner gelieferten Waren.

Bankbuchhaltung

Nach § 238 I HGB ist jeder Kaufmann verpflichtet, Bücher zu führen und die Lage seines Vermögens nach den Grundsätzen ordnungsmäßiger Buchführung ersichtlich zu machen. Die Aufzeichnung der Geschäftsvorfälle (Buchungen) erfolgt auf Konten, für Kreditinstitute gibt es institutsspezifische Kontenrahmen. Jeder Geschäftsvorfall wird doppelt gebucht, jeweils im Soll und im Haben (doppelte Buchführung). Die Buchungen bilden die Grundlage für die Erstellung des Jahresabschlusses (Bilanz und Gewinn- und Verlustrechnung), außerdem für alle internen Rechnungen (Betriebsbuchhaltung). Besonderheiten bei der Bankbuchhaltung im Vergleich zu anderen Unternehmen ergeben sich insbesondere durch bankspezifische Geschäfte.

1. *Rechtsgrundlagen:* die für alle Kaufleute geltenden Vorschriften §§ 238-263 HGB sowie §§ 140-148 AO, die Vorschriften für Kapitalgesellschaften (§§ 264 ff. HGB), die rechtsformspezifischen Vorschriften für Genossenschaften §§ 336-339 HGB, für Aktiengesellschaften §§ 58, 150-161 AktG sowie für GmbH §§ 41-42a GmbHG und kreditinstitutspezifische Normen in §§ 340-340o HGB, die RechKredV, die §§ 26, 28, 29, 30 KWG

und die amtlichen Äußerungen der BaFin mit unterschiedlicher Rechtsverbindlichkeit.

2. *Besondere Anforderungen:*

a) *Tagfertigkeit:* Alle Geschäftsvorfälle sind am Tag des Anfalls in sämtlichen Grundbüchern und auf allen Personen- und Sachkonten zu buchen;

b) *Zuverlässigkeit und hohe Sicherheit:* Beabsichtigte und unbeabsichtigte Fehlbuchungen müssen durch automatisch wirkende Kontrollen ausgeschaltet sein; außerdem müssen Mechanismen zum Schutz vor unbefugten Zugriffen installiert sein.

Die Bankbuchhaltung wird mithilfe elektronischer Datenverarbeitungssysteme durchgeführt. Hierbei sind die vom Bundesfinanzministerium erlassenen Grundsätze zur ordnungsmäßigen Führung und Aufbewahrung von Büchern, Aufzeichnungen und Unterlagen in elektronischer Form sowie zum Datenzugriff (GoBD) zu beachten.

In der Praxis wird unter der Bankbuchhaltung häufig auch die aufbauorganisatorische Einheit verstanden, die die Buchführungsaufgaben durchführt.

Bankkredit

Kredit, der von Banken und Sparkassen (Kreditinstitute) auf der Grundlage eines Kreditvertrages vergeben wird. Bevor ein Kredit zugesagt wird, erfolgt eine Kreditwürdigkeitsprüfung. Der Kreditnehmer hat innerhalb eines festgelegten Zeitraumes den Kredit zurückzuzahlen und für die Kapitalüberlassung Zinsen zu zahlen. Die vielen unterschiedlichen Arten von Krediten lassen sich nach verschiedenen Kriterien systematisieren. Bei der Einteilung nach den Kreditgebern unterscheidet man Bankkredite, die von Finanzinstituten vergeben werden, und Privatkredite, zu denen Kredite von Privatpersonen und Geschäftspartnern (Lieferanten, Kunden, verbundene Unternehmen) zählen.

Bankspesen

Kosten bzw. Gebühren, die Kreditinstitute ihren Kunden für die Abwicklung von Bankgeschäften oder Dienstleistungen in Rechnung stellen. Entsprechend der Preisangabenverordnung (PAngV) haben Kreditinstitute dafür ein Preisverzeichnis aufzustellen.

Bankstatus

Bezeichnung für die rechtliche und wirtschaftliche Stellung von Finanzinstituten, die gewerbsmäßig Bankgeschäfte betreiben und als Kreditinstitute gelten. Die europäische Bankenaufsicht definiert Kreditinstitute gemäß dem europarechtlichen Begriff als Institute, die Einlagen entgegennehmen und Kredite für eigene Rechnung gewähren (Art. 4 Abs. 1 Nr. 1 CRR). Für Deutschland ist der Begriff des Kreditinstituts in § 1 KWG definiert. Nach § 1 KWG unterscheidet der Gesetzgeber zwischen Kreditinstituten, Finanzdienstleistungsinstituten und Finanzunternehmen. Die nationale Aufsicht ist dabei ausschließlich für Institute zuständig, die nach nationalem Recht, nicht aber nach europäischem Recht als Institute klassifiziert sind.

Bearbeitungsprovision

Kosten bzw. Gebühren, die einmalig für die Bearbeitung eines Kredites erhoben werden. In verschiedenen Urteilen des Bundesgerichtshofs (BGH) wurde entschieden, dass die von vielen Banken erhobenen Bearbeitungsentgelte für Privatkredite und Unternehmerdarlehen unzulässig sind und nicht bei der Ermittlung des effektiven Zinssatzes einbezogen werden dürfen.

Beleihungsgrenze

Maximale Höhe, bis zu der Kreditinstitute Objekte beleihen (dürfen). Grundlage für die Festsetzung der Beleihungsgrenze ist der Beleihungswert, der um einen Risikoabschlag für Wertschwankungen der beliehenen Objekte vermindert wird. Im Realkreditgeschäft von Pfandbriefbanken ist die Beleihungsgrenze mit 60 Prozent durch das Pfandbriefgesetz vorgeschrieben (§ 14 PfandBG). Diese Regelung ist von anderen Kreditinstituten übernommen worden. Bausparkassen dürfen Immobilien bis 80 Prozent beleihen (§ 7 I BausparkassenG). Für andere Kreditsicherheiten (z. B. Wertpapiere, Lebensversicherungen, Forderungen, Mobilien) gelten unterschiedliche Beleihungsgrenzen, die gesetzlich nicht geregelt sind. Die

Ausschöpfung der Beleihungsgrenzen wird von den einzelnen Kreditinstituten je nach Objekt und Risikoeinschätzung individuell entschieden. Grundsätzlich vergeben Finanzinstitute nur Kredite unterhalb der Beleihungsgrenze. Benötigt der Kreditnehmer weitere Mittel, die über die Beleihungsgrenze hinausgehen, vergeben Banken in Einzelfällen zusätzliche Kredite, für die in der Regel ein höherer Zinssatz zu zahlen ist und anders besichert werden (1a-Hypotheken für Kredite unterhalb der Beleihungsgrenze und erstrangiges Grundpfandrecht und 1b-Hypotheken für Kredite oberhalb der Beleihungsgrenze und nachrangiges Grundpfandrecht im Grundbuch). Rechnerisch wird die Beleihungsgrenze durch die Multiplikation des Beleihungswertes mit dem jeweiligen Beleihungssatz ermittelt.

Beleihungssatz

Prozentsatz vom Beleihungswert, bis zu dem ein als Kreditsicherheit verwendetes Objekt beliehen werden kann (Beleihungsgrenze). Die Höhe des Beleihungssatzes richtet sich nach gesetzlichen Bestimmungen (PfandBG, BelWertV) oder nach der Risikoeinschätzung der einzelnen Kreditinstitute.

Beleihungswert

1. *Allgemein:* Wert, den ein Kreditgeber für eine Kreditsicherheit (Immobilien, Wertpapiere, Mobilien, aber auch Rechte, z. B. Erbbaurechte) ermittelt, die beliehen werden soll. Dabei ist die Wertermittlung auf den während der Kreditlaufzeit erzielbaren Wiederverkaufswert ausgerichtet. Mit dem Beleihungswert wird die maximale Kredithöhe festgelegt, wobei mögliche Wertschwankungen mit einem Risikoabschlag berücksichtigt werden (Beleihungsgrenze).

2. *Beleihung von Immobilien:* Vor Vergabe von Realkrediten haben Kreditinstitute den Beleihungswert zu ermitteln. Die rechtliche Grundlage dafür bilden im europäischen Kontext die Vorschriften der CRR. In Art. 4 Abs. 1 Nr. 74 CRR wird der Beleihungswert als der Wert einer Immobilie definiert, „der bei einer vorsichtigen Bewertung ihrer künftigen Marktgängigkeit unter Berücksichtigung ihrer langfristigen dauerhaften Eigenschaften, der normalen und örtlichen Marktbedingungen, der derzeitigen Nutzung sowie angemessener Alternativnutzungen bestimmt wird". Die CRR kann

gegenüber den nachfolgenden Bestimmungen als übergeordnet angesehen werden. Die rechtlichen Grundlagen auf nationaler Ebene finden sich im Pfandbriefgesetz (insbesondere § 16 I und II PfandBG) sowie der Beleihungswertermittlungsverordnung (BelWertV). Darüber hinaus regelt das Kreditwesengesetz, dass diese Vorschriften für alle Kreditinstitute anzuwenden sind (§ 21 III Nr. 1 KWG). Als Beleihungswert ist gemäß dieser Vorschriften der Wert anzusetzen, der während der Beleihungszeit (in der Regel Laufzeit des Krediters) beim Verkauf des Objektes jederzeit erzielt werden kann. Damit unterscheidet sich der Beleihungswert vom Marktwert, der stichtagsbezogen in Abhängigkeit von der jeweiligen Marktlage ermittelt wird. Für Sozialversicherungsträger ist die Besicherung einer Hypothek, Grundschuld oder Rentenschuld als sicher anzusehen, wenn die Beleihung die ersten zwei Drittel des Wertes des Grundstücks, Wohneigentums oder Erbbaurechts nicht übersteigt (§ 84 SGB IV).

3. *Verfahren zur Ermittlung des Beleihungswertes:* Durch die Beleihungswertermittlungsverordnung werden die drei einzusetzenden Verfahren vorgegeben.

a) Vergleichswertverfahren: Hierbei wird ein Verkehrswert ermittelt, indem das zu bewertende Objekt mit den Kaufpreisen vergleichbarer Objekte verglichen wird. Es wird insbesondere für Grundstücke und bei Wohnungs- und Teileigentum angewendet, bei Gebäuden nur, sofern genügend Vergleichsobjekte zur Verfügung stehen.

b) Sachwertverfahren: Hierbei wird der Sachwert eines Beleihungsobjekts ermittelt, der sich aus dem Bodenwert (Grundstückswert) und dem Bauwert eines Gebäudes zusammensetzt. Dieses Verfahren wird bei der Bewertung von Gebäuden zur Eigennutzung wie Ein- und Zweifamilienhäusern sowie Eigentumswohnungen eingesetzt.

c) Ertragswertverfahren: Hierbei wird der Ertrag eines Beleihungsobjektes ermittelt, mit dem bei einer ordnungsgemäßen Bewirtschaftung zu rechnen ist. Dieses Verfahren wird für vermietete oder zur Vermietung vorgesehene Objekte verwendet. Zusätzlich ist für diese Objekte ein Sachwert zu berechnen. Maßgeblich für die Festsetzung des Beleihungswertes ist der Ertragswert. Liegt dieser jedoch um mehr als 20 Prozent höher als der Sachwert, so ist eine gesonderte Prüfung notwendig und der Ertragswert gegebenenfalls zu mindern.

4. *Besonderheiten:* Für Sparkassen gibt es landesspezifische Beleihungsgrundsätze, die die Anforderungen der BelWertV konkretisieren. Im genossenschaftlichen Bankensektor orientiert man sich an den vom Bundesverband (BVR) herausgegebenen Wertermittlungsrichtlinien. Auch die Kreditinstitute des privaten Bankensektors haben institutsinterne Regelungen zur Wertermittlung. Gutachter müssen eine besondere fachliche Qualifikation nachweisen.

Benachrichtigungspflicht

I. Wechselrecht

bei Unterbleiben der Annahme oder Zahlung Pflicht des Wechselinhabers zur Benachrichtigung anderer aus dem Wechsel verpflichteter Personen (Art. 45 I WG).

1. *Erfüllung:* Die Benachrichtigung (Notanzeige) an den unmittelbar vorhergehenden Indossanten und den Aussteller sowie Bürgen hat innerhalb von vier Tagen nach Erhebung des Wechselprotests oder im Fall des Vermerks „ohne Kosten" nach der Vorlegung zu erfolgen (Die Frist gilt als eingehalten, wenn die Benachrichtigung am vierten Tage zur Post gegeben wird). Ist die Anschrift des Ausstellers auf dem Wechsel nicht angegeben, so entfällt Benachrichtigungspflicht. Jeder Indossant muss binnen zwei Werktagen die Nachricht weitergeben. Die Nachricht kann in jeder *Form* gegeben werden, auch durch bloße Rücksendung des Wechsels. Benachrichtigungspflicht besteht für den Inhaber auch, wenn die rechtzeitige Vorlegung oder Protesterhebung durch *höhere Gewalt* nicht möglich ist, an den unmittelbaren Vormann.

2. Wer *zu Ehren annimmt* oder zahlt, muss den Wechselverpflichteten, für den er eintritt, innerhalb zweier Werktage hiervon benachrichtigen.

3. Wer die Benachrichtigungspflicht *versäumt,* verliert nicht seine Rechte zum Rückgriff, haftet aber den Vormännern für dadurch entstandenen Schaden.

II. Scheckrecht

Es gelten die gleichen Regelungen (Art. 42 I ScheckG); in der Praxis wird die Benachrichtigungspflicht nach den Scheckbedingungen der Banken von der bezogenen Bank übernommen.

III. Handelsrecht

Der Handelsvertreter hat unverzügliche Mitteilung an den Unternehmer über Abschluss oder Vermittlung von Geschäften sowie über alle ihm bekannt gewordenen wesentlichen Tatsachen (z. B. über veränderte Kreditwürdigkeit des Dritten) zu machen (§ 86 II HGB).

Betriebsmittelkredit

Betriebskredit; Handelskredit; Überbrückungskredit; kurzfristiger Kredit an Unternehmen zur Finanzierung des Umlaufvermögens. Mit diesem Kredit wird der Zeitraum zwischen den Waren- und Rohstoffeinkäufen und der Absatz der Produkte überbrückt, die Rückzahlung erfolgt aus den Umsatzerlösen. Im laufenden Produktionsprozess wird dieser Kredit häufig immer wieder neu benötigt und deshalb durch Prolongationen auch länger zur Verfügung gestellt. Betriebsmittelkredite werden von Banken überwiegend als Kontokorrentkredit auf dem laufenden Konto oder als kurzfristige Darlehen (Betriebsmitteldarlehen) vergeben. Gewähren Handelspartner dem Unternehmen Kredite (Lieferantenkredit, Kundenanzahlung), so spricht man von Handelskrediten.

Gegensatz: Investitionskredit (Anlagekredit) zur Finanzierung des Anlagevermögens.

Bezogener

Hauptschuldner eines Schecks oder Wechsels, also derjenige, an den der unbedingte Zahlungsauftrag gerichtet ist (Adressat) und der bei Fälligkeit die Zahlung zu leisten hat.

1. *Wechsel:* Wenn ein Aussteller (Trassant) einen Wechsel auf jemanden (Trassat) zieht, wird dieser zum Bezogenen. Erst wenn der Bezogene annimmt (akzeptiert), verpflichtet er sich, an den Begünstigten bei Fälligkeit des Wechsels zu zahlen. Dieses Zahlungsversprechen heißt Akzept, der Bezogene wird zum Akzeptanten. Mit dem Akzept wird der Bezogene zum Hauptschuldner aus dem Wechsel (Art. 28, 1 WG). Bei Fälligkeit des Wechsels hat der Bezogene an den Wechselnehmer zu zahlen. Ist der Wechselaussteller selbst der Bezogene, handelt es sich um einen trassiert-eigenen Wechsel. Die Angabe des Bezogenen gehört zu den gesetzlichen Bestandteilen des Wechsels (Art. 1 WG).

2. *Scheck:* Bezogene können nur Kreditinstitute sein (Art. 3 ScheckG). Sie werden in der Urkunde über dem Schecktext genannt. Bei Einlösung eines Schecks belasten Kreditinstitute das Konto des Ausstellers (Kunde).

Bietungsgarantie

1. Form einer *Bankgarantie,* die den Garantienehmer vor den finanziellen Folgen des Risikos schützt, dass der Anbieter (Garantieauftraggeber) – je nach Garantietext –

(1) bei Erteilung des Zuschlags die Übernahme des Auftrags ablehnt und/ oder

(2) sich nach Annahme des Auftrags weigert oder nicht in der Lage ist, eine geforderte/vereinbarte Liefergarantie, Leistungsgarantie oder Vertragserfüllungsgarantie zu erbringen. Auch als *Offertgarantie, Angebotsgarantie, Bid Bond, Tender Guarantee* bezeichnet.

2. *Bietungsgarantien bei öffentlichen Ausschreibungen:* Ausschreibung.

Blankoindossament

Blankogiro; Kurz-Indossament; Indossament auf einem Wechsel oder Scheck, das nur aus der Unterschrift des Indossanten besteht (Art. 13 II WG bzw. Art. 16 II SchG) und den Indossatar (Empfänger) nicht bezeichnet. Damit kann der Wechsel oder Scheck wie ein Inhaberpapier übertragen werden.

Blankokredit

Kredit, für den keine Kreditsicherheiten gestellt werden, sondern der ausschließlich aufgrund der persönlichen Kreditwürdigkeit (Bonität) des Kreditnehmers gegeben wird. Die am häufigsten vergebenen Blankokredite sind Dispositionskredite.

Blankowechsel

Wechsel, bei dem wichtige Angaben noch nicht ausgefüllt sind (z. B. Betrag oder Verfalltag). Akzeptiert ein Bezogener eine nicht vollständig ausgefüllte Wechselurkunde, handelt es sich um ein Blankoakzept.

Bonität

1. *Im weiteren Sinne* Ruf und Ansehen von Personen, Unternehmen und Staaten im Geschäftsverkehr.

2. *Im engeren Sinne* prognostizierte Eigenschaft eines Schuldners (Kreditnehmers, Emittenten), zukünftige Zahlungsverpflichtungen vollständig und fristgerecht erfüllen zu können und zu wollen (Kreditwürdigkeit). Um sich vor Zahlungsausfällen zu schützen, die dadurch entstehen, dass Vertragspartner überhaupt nicht, zu spät oder auch nur teilweise ihren eingegangenen Verpflichtungen nachkommen, wird vor Vertragsabschluss üblicherweise die Bonität geprüft. Dabei unterscheidet man zwischen der persönlichen Bonität und materiellen (wirtschaftlichen) Bonität. Die persönliche Bonität stellt dabei auf die Zuverlässigkeit und Zahlungswilligkeit eines Vertragspartners ab. Mit der materiellen Bonität wird die Einschätzung beschrieben, inwieweit ein Schuldner für wirtschaftlich fähig gehalten wird, die finanziellen Verpflichtungen zu erfüllen (z. B. Rückzahlung eines Kredites, Bezahlen von Rechnungen). Je besser die Bonität, desto wahrscheinlicher wird die ordnungsgemäße Vertragserfüllung eingeschätzt.

Bonitätsprüfung

1. *Allgemein:* Gegenstand der Bonitätsprüfung ist die Prüfung der Bonität eines Vertragspartners. Wird eine Kreditbeziehung eingegangen, spricht man von einer Kreditwürdigkeitsprüfung. Wird Kapital über den organisierten Kapitalmarkt (Börse) aufgenommen, so wird eine Prüfung zumeist extern über Ratingagenturen durchgeführt, entweder durch Beurteilung des Emittenten (Emittentenrating) oder einer einzelnen Anleihe (Emissionsrating).

2. *Anlässe:* Kreditgeber prüfen vor Vergabe von Krediten die Bonität des Kreditnehmers. Das gilt sowohl für Unternehmen, die ihren Kunden Waren gegen Rechnung liefern bzw. ihnen Lieferantenkredite einräumen, als auch für Kredit- und Finanzierungsinstitute, die Kreditgeschäfte als Geschäftszweck betreiben. Auch im Emissionsgeschäft prüft ein Emissionskonsortium die Emissionswürdigkeit des Unternehmens, die für die Risikoeinschätzung von Anleihen und Geldmarktpapieren maßgebend ist.

Darüber hinaus wird während der Kredit- bzw. Emissionslaufzeit die Bonität regelmäßig geprüft, um zu erkennen, ob und inwieweit sich die Wahrscheinlichkeit eines Ausfalls der Forderung erhöht.

3. *Inhalt der Bonitätsprüfung:* Grundlage der Bonitätsprüfung sind die rechtlichen Verhältnisse (Kreditfähigkeit) sowie die persönlichen und wirtschaftlichen Verhältnisse (Kreditwürdigkeit) des Kunden bzw. Kreditnehmers. Darüber hinaus werden gesamtwirtschaftliche und branchenspezifische Bedingungen analysiert, die das zukünftige Zahlungspotenzial des Kunden mit bestimmen.

4. *Verfahren:*

a) Die traditionelle Bonitätsprüfung basiert auf qualitativen (z. B. Integrität, Marktchancen) und quantitativen (z. B. Einkommenshöhe, Ertragskraft) Kriterien, deren Auswahl und Gewichtung durch den Beurteiler vorgenommen wird. Für die Entscheidung über einen Vertragsabschluss wird dann eine vergleichende Bewertung vorgenommen. Im Privatkundengeschäft wird routinemäßig eine Auskunft einer Auskunftei (z. B. SCHUFA-Auskunft) eingeholt, um sich über das bisherige Zahlungsverhalten des Vertragspartners zu informieren.

b) Mit mathematisch-statistischen Methoden soll eine objektive Bonitätsbeurteilung erreicht werden. Zu diesen Verfahren zählen insbesondere die Diskriminanzanalyse, Credit-Scoring-Verfahren (Punktbewertungsverfahren) sowie eine Analyse mithilfe künstlicher neuronaler Netze.

c) Eine Risikoeinstufung durch standardisierte Ratingsysteme kann entweder durch externe Ratings erfolgen, die von speziellen Ratingagenturen durchgeführt werden, oder durch interne Ratings, bei denen unternehmenseigene Bewertungssysteme angewendet werden. Für Kreditinstitute sind entsprechend der gesetzlichen Regelungen (MaRisk auf der Grundlage von §25a KWG) alle Kreditkunden hinsichtlich ihrer Bonität zu beurteilen, wobei insbesondere eine Ausfallwahrscheinlichkeit der Forderung ermittelt wird, die wiederum maßgeblich für das benötige Risikokapital (Eigenkapital) ist.

5. *Ergebnisse:* Grundsätzlich können zwei unterschiedliche Fehler bei der Bonitätsprüfung auftreten: Entweder wird das Geschäft mit dem Kunden getätigt, der dann allerdings Zahlungsprobleme bekommt (Fehler 1. Art)

oder man lehnt ein Geschäft ab, obwohl der Kunde keine Zahlungsprobleme bekommen hätte (Fehler 2. Art). Mit einer Bonitätsprüfung wird die Gefahr eines unvorhergesehenen Zahlungsausfalls verringert. Bei unsicheren Erwartungen verlangen Kreditgeber Sicherheiten und erheben Risikoprämien in Form eines höheren Zinssatzes. Grundsätzlich gilt: Je besser die Bonität ist, desto günstiger sind die benötigten Finanzmittel und umgekehrt.

Briefgrundschuld

Grundschuld, für die zusätzlich zur Eintragung im Grundbuch ein Grundschuldbrief ausgestellt worden ist. Der *Gegensatz* ist die Buchgrundschuld.

Briefhypothek

Hypothek, für die zusätzlich zur Eintragung im Grundbuch ein Hypothekenbrief ausgestellt worden ist. Der *Gegensatz* ist die Buchhypothek.

Bruttozins

1. *Allgemein:* Jahreszins vor Abzug von Steuern. Erträge aus Kapitalvermögen unterliegen in vielen Staaten der Einkommensteuer. Oft wird die auf die Zinserträge anfallende Steuer direkt an der Quelle, d.h. bei Zinsgutschrift, einbehalten (Quellensteuer) und an die entsprechende Steuerbehörde abgeführt.

2. *In Deutschland:* Für Privatvermögen beträgt die Kapitalertragsteuer seit 2009 einheitlich 25 Prozent (§§ 43ff. EStG). Hinzu kommt noch der Solidaritätszuschlag in Höhe von 5,5 Prozent der Kapitalertragsteuer, sodass insgesamt 26,375 Prozent zu zahlen sind (dazu kommen noch eventuell Kirchensteuern). Mit dieser Abgeltungsteuer werden Kapitalerträge bei der Berechnung der Einkommensteuer nicht weiter berücksichtigt. Bei Zinserträgen bis 801 Euro pro Jahr und Person fallen keine Kapitalertragsteuern an.

3. *In Österreich:* Hier beträgt die Kapitalertragsteuer einheitlich 25 Prozent. Auch dies ist eine Abgeltungsteuer, sodass Kapitalerträge bei der Berechnung der Einkommensteuer außen vor bleiben (§ 97, 1 EStG).

4. *In der Schweiz:* Hier wird die Kapitalertragsteuer als Verrechnungssteuer (oder auch Zahlstellensteuer) bezeichnet. Der Steuersatz beträgt einheitlich 35 Prozent, die Kapitalertragsteuer stellt ebenfalls eine Abgeltungsteuer dar (Art. 4 und 13 VStG). Im Rahmen der Steuererklärung kann die gezahlte Steuer erstattet werden. In der Schweiz wird explizit der Zinssatz vor Abzug der Verrechnungssteuer als Bruttozins, nach Abzug der Verrechnungssteuer als Nettozins bezeichnet.

5. *Andere Bedeutung:* Gelegentlich wird als Bruttozins der Zinssatz einschließlich der Bankspesen bezeichnet.

Buchgrundschuld

Grundschuld, bei der die Erteilung eines Grundschuldbriefes vertraglich ausgeschlossen ist, die also lediglich ins Grundbuch eingetragen wird. Der *Gegensatz* ist die Briefgrundschuld.

Buchkredit

Bezeichnung für einen Kredit, der in nicht verbriefter Form gewährt, d. h. über Konten abgewickelt wird. Darlehen und Kontokorrentkredite werden auch zusammengefasst als Buchkredite bezeichnet.

Bürgschaft

1. *Begriff:* Einseitig verpflichtender Vertrag, durch den sich der Bürge gegenüber dem Gläubiger (z. B. einem Kreditinstitut) verpflichtet, für die Erfüllung einer Verbindlichkeit des Hauptschuldners (z. B. Kreditnehmer) einzustehen (§ 765 ff. BGB). Eine Bürgschaft kann auch für eine künftige oder bedingte Verbindlichkeit übernommen werden. Bei der Bürgschaft handelt es sich um eine Personalsicherheit (anders: Sachsicherheit), mit der ein Begünstigter einen schuldrechtlichen Anspruch gegen den Bürgen erhält.

2. *Formerfordernis:* Die Bürgschaftserklärung ist schriftlich zu erteilen (§ 771 BGB). Eine Bürgschaft per E-Mail oder sonstiger elektronischer Form ist ausgeschlossen. Nur die Bürgschaft eines Kaufmanns, der diese im Rahmen eines Handelsgeschäftes abgibt, kann mündlich erteilt werden (gemäß §§ 343, 350 HGB).

3. *Umfang der Bürgschaftsschuld:* Der Bestand und der Umfang einer Bürgschaft sind von der besicherten Hauptschuld unmittelbar abhängig (§ 767 I BGB), d. h. wenn die zu besichernde Forderung nicht (mehr) besteht, braucht der Bürge nicht zu haften (Akzessorietät). Allerdings haftet der Bürge auch in dem Falle, wenn sich die Hauptschuld durch Verzug oder Verschulden des Hauptschuldners ändert. Grundsätzlich kann ein Bürge die Befriedigung des Gläubigers verweigern, solange nicht der Gläubiger eine Zwangsvollstreckung gegen den Schuldner erfolglos versucht hat (§ 768 BGB). Diese sogenannte Einrede der Vorausklage steht einem Kaufmann, der bürgt, nicht zu. Kreditinstitute schließen dieses Recht der Einrede der Vorausklage regelmäßig in den Bürgschaftsverträgen aus. Damit übernimmt der Bürge eine selbstschuldnerische Bürgschaft (§ 773 BGB), aus der er sofort in Anspruch genommen werden kann, wenn der Schuldner seinen Zahlungsverpflichtungen nicht nachkommt. Haftet ein Bürge erst nach erfolgter Zwangsvollstreckung nur für den tatsächlichen Ausfall der Forderung, handelt es sich um eine Ausfallbürgschaft. Ein Bürge haftet gegenüber dem Gläubiger immer mit seinem gesamten persönlichen Vermögen. Mitbürgen haften als Gesamtschuldner.

4. *Besondere Bürgschaftsarten:*

a) Höchstbetragsbürgschaft: Im Bürgschaftsvertrag begrenzt der Bürge seine Haftung auf einen maximalen Betrag.

b) Zeitbürgschaft/befristete Bürgschaft: Mit einer entsprechenden Vereinbarung erlischt die Haftung zu einem bestimmten Zeitpunkt bzw. nach Ablauf einer bestimmten Frist (§ 777 BGB).

c) Rückbürgschaft: Wenn der Bürge die Hauptschuld erfüllt hat, hat er gegenüber dem Hauptschuldner einen Rückgriffsanspruch, der durch einen weiteren Bürgen, den Rückbürgen, abgesichert werden kann.

d) Nachbürgschaft: Für den Fall, dass ein Hauptbürge nicht zahlen kann, haftet dann ein Nachbürge.

5. *Bedeutung:* Die Bürgschaft hat in der Praxis als Kreditsicherheit einen hohen Stellenwert, insbesondere durch die Bürgschaften des Bundes und der Länder. So werden Bürgschaften (und Garantien) zur Unterstützung des Exportgeschäftes vergeben (Hermes-Bürgschaften) sowie Bürgschaftsprogramme zur Förderung und Kreditversorgung des Mittelstan-

des aufgelegt. Im Rahmen der Wirtschafts- und Finanzkrise hat der Bund zur Stabilisierung des Finanzmarktes Bürgschaften vergeben. Aufgrund von Störungen im Wirtschaftsleben von EU-Mitgliedsstaaten wurde 2010 ein Rettungsschirm für Europa geschaffen, auch hier unterstützt die Bundesregierung andere Staaten unter anderem mit Bürgschaften (so z. B. für Griechenland).

Bürgschaftskredit

Personalkredit, der zusätzlich durch eine Bürgschaft abgesichert wird. Es werden also zwei Rechtsgeschäfte abgeschlossen: zum einen ein Kreditvertrag zwischen dem Schuldner (Kreditnehmer) und Gläubiger (Kreditgeber) und zum anderen ein Bürgschaftsvertrag zwischen dem Schuldner (Kreditnehmer) und dem Bürgen. Häufig, wenn der Kreditnehmer über nur geringe Kreditsicherheiten verfügt, wird als zusätzliche Absicherung eine Bürgschaft verlangt, die mit einer Restschuldversicherung kombiniert wird. Tritt ein Kreditinstitut selbst als Bürge auf, handelt es sich um einen Avalkredit. Auch der Bund, Länder und Gemeinden übernehmen im Rahmen von Förderprogrammen (Wirtschaftsförderung, Existenzgründung) Ausfallbürgschaften, die Kredite selbst werden dann von öffentlich-rechtlichen Förderbanken vergeben.

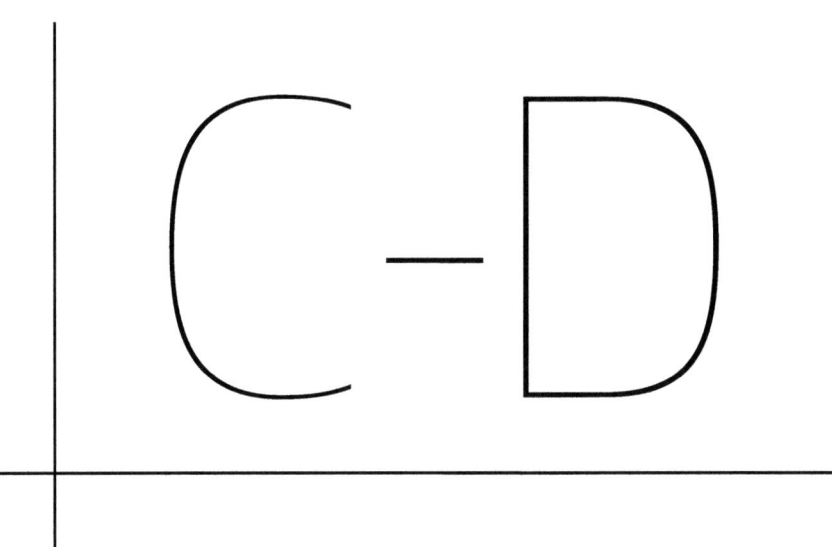

Call Money

1. Englische Bezeichnung für *Tagesgeld* zwischen Kreditinstituten. Call Money wird üblicherweise über Nacht in größeren Beträgen angelegt (Overnight Money), für die Zinsberechnung wird der Referenzzinssatz EONIA (Euro Overnight Index Average) verwendet.

2. *Tagesgeld*, das auf unbestimmte Dauer angelegt wird, jedoch täglich (One Day Notice) oder zweitägig (Two Days Notice) vom Kreditgeber zurückgefordert oder vom Anleger zurückbezahlt werden kann.

Clearing

1. *Allgemein:* Die gegenseitige Auf- und Verrechnung von Forderungen und Verbindlichkeiten zwischen Geschäftspartnern. Grundsätzlich werden zwei Methoden unterschieden: beim Nettoclearing werden nur die Beträge zwischen den Teilnehmern ausgetauscht, die sich aus der Saldierung von Forderungen und Verbindlichkeiten ergeben; beim Bruttoclearing erfolgt eine solche Saldierung nicht, sondern jede Zahlung wird einzeln ausgeführt.

2. *Zahlungsverkehr (Interbanken-Clearing):* Verfahren der Übermittlung, der Abstimmung und in einigen Fällen auch die Bestätigung von Zahlungsaufträgen vor dem Zahlungsausgleich; dies entspricht im deutschen Sprachgebrauch dem Begriff der Zahlungsverkehrsabwicklung. Das Clearing kann auch die Aufrechnung und Saldierung der Positionen mit anschließendem Zahlungsausgleich der Nettobeträge umfassen (auch als Abrechnung, Skontration oder Settlement bezeichnet). Für das Clearing gibt es mehrere Möglichkeiten:

(1) Beim internen Clearing (Inhouse- Zahlungen) erfolgt die Verrechnung zwischen Filialen einer Bank oder innerhalb einer Institutsgruppe (z. B. im Kreditbanken-, Sparkassen- oder Genossenschaftssektor).

(2) Im bilateralen Austausch sind zwei Kreditinstitute beteiligt, die Verrechnung erfolgt zumeist über Zentralbank-Konten.

(3) Eine Auf- und Verrechnung kann auch über Clearingsysteme erfolgen wie die Deutsche Bundesbank sie im Rahmen des Europäischen Systems der Zentralbanken (ESZB) anbietet (z. B. TARGET2).

3. *Industrie-Clearing:* In der klassischen Variante einigen sich zwei Industrieunternehmen über ein Vorziehen von zukünftigen Zahlungen für Lieferungen und Leistungen, um einen auftretenden Zahlungsmittelbedarf auszugleichen. Es handelt sich dabei also um kurzfristige Kredite. In der neueren Variante tauschen große Industrieunternehmen, die nicht in Geschäftsbeziehung stehen, kurzfristig Finanzmittel aus, meist zu niedrigeren Zinssätzen als im Bankenmarkt.

4. *Wertpapierclearing/Derivateclearing:* Im Derivate- und Wertpapierhandel werden Käufe und Verkäufe zwischen den Handelspartnern entweder bilateral oder über das Clearingsystem einer zentralen Gegenpartei abgewickelt. Die Mitglieder eines Clearingsystems müssen dabei bestimmte Anforderungen erfüllen und für ihre individuellen Geschäfte Sicherheiten stellen. Dabei tritt die zentrale Gegenpartei als Risikomanager für die beteiligten Handelspartner auf. In Deutschland sind mit der Eurex Clearing AG und der European Commodity Clearing AG zwei Tochtergesellschaften der Deutschen Börse AG als zentrale Gegenparteien zugelassen.

Collateralized Debt Obligation

Abkürzung *CDO*; fondsbasierte Wertpapiere. Hierfür wird eine Vielzahl an Krediten (auch Immobilienkredite) an Fondsgesellschaften weiterverkauft, die wiederum auf der Basis der Kreditportfolios CDO-Wertpapiere begeben. CDO gelten als Mitauslöser der Finanzkrise 2008.

Credit Default Swap (CDS)

1. *Begriff*: Kontraktform der Kreditderivate, bei der der Sicherungsnehmer (Risikoverkäufer) nur das isolierte Kreditausfallrisiko auf den Sicherungsgeber (Risikokäufer) überträgt. Gegen den Erhalt einer einmaligen oder bei längeren Laufzeiten gegebenenfalls annualisierten Optionsprämie (*CDS-Spread*) leistet der Sicherungsgeber lediglich bei Eintritt eines vorab spezifizierten Kreditereignisses (*Credit Event*) dem Sicherungsnehmer des Referenzaktivums eine Ausgleichszahlung (*Credit Default Payment*).

2. *Formen der Ausgleichszahlung:* Das Credit Default Payment kann in Höhe des Nominalwertes gegen physische Lieferung des Referenzaktivums, in Form eines Differenzausgleichs zum Restwert des Referenzaktivums nach

Eintritt des Kreditereignisses (*Cash Settlement*) oder als fest vereinbarter Betrag erfolgen. Die Höhe der Prämie hängt im Wesentlichen von der Bonität des Schuldners, der Definition des Kreditereignisses, der Höhe der möglichen Ausgleichszahlung sowie der Laufzeit des Vertrags ab.

3. *Kreditereignis*: Das Ereignis, bei dem der Sicherungsgeber verpflichtet wird zu leisten, wird vorab fest definiert, z. B. Zahlungsverzug, Zahlungsausfall, Antrag auf Insolvenz oder Verschlechterung des Ratings. Dabei orientiert man sich im Allgemeinen an den Standards der ISDA (International Swaps and Derivate Association).

4. *Risikoverteilung:* Mit einem CDS wird das Kreditrisiko von dem zugrunde liegenden Kreditgeschäft gelöst. CDS werden außerbörslich gehandelt (OTC-Geschäft) und bewirken eine Verteilung des Risikos des Ausfalls. Tritt das Ereignis ein, muss der Besitzer selbst tatsächlich keinen Ausfall haben. Der Handel mit CDS unterliegt damit der Spekulation.

Credit Spread

Englisch für *Zinsmarge*.

1. *Allgemein*: Risikoaufschlag auf einen Referenzzinssatz, der für risikobehaftete Anlagen oder Kredite gezahlt werden muss.

2. *Kapitalmarkt*: Ist das Ergebnis eines Preisbildungsprozesses am Kapitalmarkt und drückt die Einschätzung der Marktteilnehmer über das der Anlage inhärente Ausfall- und Bonitätsrisiko des Kreditnehmers, Emittenten oder Kontrahenten aus. Je höher der Spread, desto höher die Ausfallwahrscheinlichkeit und desto niedriger die Bonität und umgekehrt. Rating und Credit Spreads sind nicht zwangsläufig identisch, da die Höhe der Credit Spreads durch die Einschätzung der Marktteilnehmer gegenüber dem Unternehmen beeinflusst wird.

Credit-Scoring-Verfahren

Punktbewertungsverfahren; mathematisch-statistisches Entscheidungsverfahren (häufig mittels Diskriminanzanalyse), mit dem Merkmale eines Kreditnehmers zu einem Gesamturteil über seine Kreditwürdigkeit zusammengefasst werden. Mit Credit-Scoring-Verfahren lassen sich Kreditentscheidungen standardisieren und automatisieren, sodass dieses Verfahren insbesondere im Mengengeschäft angewendet wird (Ratenkredit, Konsumentenkredit).

Vorgehensweise: Die Unterschiede zwischen guten und schlechten Kreditnehmern werden auf der Basis quantitativer (z. B. Einkommenshöhe) und qualitativer (z. B. berufliche Qualifikation) Kriterien analysiert. Die Merkmalsausprägungen werden bewertet und gewichtet zu einem Gesamtpunktwert (Scoringwert) aufaddiert. Auch qualitative Merkmale lassen sich so durch eine Transformation für Rechenoperationen nutzen. Der errechnete Punktwert wird für die Kreditentscheidung mit dem Grenzscore (Trennwert oder Cutoff Score) verglichen. Entsprechend der Vorgaben wird der Kredit letztlich vergeben oder abgelehnt. Einem Credit-Scoring-Verfahren liegen in der Regel umfangreiche empirische Untersuchungen zugrunde.

Cross-Default-Klausel

Drittverzugsklausel; Form einer Default-Klausel, üblich in internationalen Kredit- und Anleiheverträgen (nicht aber in deutschem Recht), die den Schuldner verpflichtet, nicht nur die vertraglichen Verpflichtungen des abgeschlossenen Vertrages einzuhalten, sondern auch die vertraglichen Verpflichtungen anderer Verträge (gegenüber Dritten) und sogar zukünftige Verpflichtungen mit einschließt. Dabei können auch Tochtergesellschaften und verbundene Unternehmen mit einbezogen werden.

Bestandteil der Financial Covenants in der Unternehmensfinanzierung, zu denen verschiedene Vertragsklauseln gehören, die Nebenpflichten und Sanktionen bei Nichterfüllung beinhalten.

Darlehen

Alternative Schreibweise: Darlehn.

1. *Begriff:* Schuldrechtlicher Vertrag, durch den einem Darlehensnehmer Geld (Gelddarlehen §§ 488 – 505e BGB) oder vertretbare Sachen (Sachdarlehen (§§ 607 – 609 BGB) auf Zeit zum Gebrauch überlassen werden. Im allgemeinen Sprachgebrauch werden die Begriffe Darlehen und Kredit im gleichen Sinn gebraucht. Im Kreditgewerbe versteht man unter Darle-

hen mittel- und langfristige Kredite, die in einer Summe ausgezahlt und für die eine regelmäßige Tilgung vereinbart werden. Damit reicht der rechtliche Begriff des Darlehens weiter als die bankgeschäftliche Bezeichnung. Jedoch wird auch der Kreditbegriff rechtlich sehr weit gefasst (§ 19 KWG), so gibt es neben den vielen Kreditarten, die auch Darlehen sind, noch andere Formen wie Garantien und Bürgschaften, die keine Darlehen sind.

2. *Gelddarlehen:*

a) *Vertrag:* Mit einem Darlehensvertrag verpflichtet sich der Darlehensgeber, dem Darlehensnehmer einen Geldbetrag in vereinbarter Höhe zur Verfügung zu stellen und zur Nutzung zu überlassen (§ 488 I S. 1 BGB). Der Darlehensnehmer ist wiederum verpflichtet, den geschuldeten Zins zu entrichten und bei Fälligkeit den Geldbetrag zurückzuzahlen (§ 488 I S. 2 BGB) und sofern vereinbart, Sicherheiten zu bestellen. Darlehensverträge kommen wie andere Verträge durch zwei übereinstimmende Willenserklärungen zustande (§§ 145 ff. BGB), für Verbraucherdarlehen ist mit Ausnahme der Überziehungskredite die Schriftform vorgeschrieben (§ 492 I S. 1 BGB).

b) *Zinsen und Entgelte:* Im Regelfall hat der Darlehensnehmer für das Darlehen Zinsen zu zahlen. Allerdings kann ein Darlehen auch zinslos gewährt werden. Die Höhe der Zinsen richtet sich nach den getroffenen Vereinbarungen oder den Sätzen im Preisverzeichnis, fehlen solche, so ergibt sich der Zins aus § 246 BGB (gesetzlicher Zinssatz). Zulässig und banküblich ist es, neben den Zinszahlungen zusätzlich Entgelte zu verlangen (z. B. Bereitstellungszins). Darüber hinaus ist die Angabe des effektiven Jahreszinses verpflichtend, durch den die Gesamtbelastung als Prozentsatz ausgedrückt wird.

c) *Kündigung und Rückzahlung:* Das Darlehensverhältnis endet mit dem Ablauf der Zeit, für die es eingegangen ist oder durch Kündigung (§ 488 III BGB). Bei Darlehen mit unbestimmter Dauer beträgt die Kündigungsfrist für beide Seiten drei Monate, ansonsten ist eine ordentliche Kündigung nur durch den Darlehensnehmer in den in § 489 BGB geregelten Fällen möglich. Eine außerordentliche Kündigung ist sowohl seitens des Darlehensgebers als auch seitens des Darlehensnehmers (gegebenenfalls gegen Zahlung einer Vorfälligkeitsentschädigung) möglich (§ 490 BGB).

d) *Sondervorschriften für Verbraucher:* Gemäß §§ 491 ff. BGB gibt es zum Schutz von Verbrauchern besondere Vorschriften für Verbraucherdarlehen, worunter entgeltliche Darlehen zwischen Unternehmern und Verbrauchern zu verstehen sind, die in erster Linie für Konsumzwecke aufgenommen werden (Ausnahme: Existenzgründer gemäß § 513 BGB, die ein Darlehen bis 75.000 Euro für eine gewerbliche oder selbstständige berufliche Tätigkeit aufnehmen.). Ein Verbraucherdarlehensvertrag kommt nur bei Einhalten der Formvorschriften und Mindestangaben wirksam zustande (§ 492 I BGB). Außerdem gilt explizit das Widerrufsrecht gemäß § 355 BGB (§ 495 I BGB). Gerät ein Verbraucher in Zahlungsverzug, ist bei Teilzahlungsdarlehen das außerordentliche Kündigungsrecht des Darlehensgeber eingeschränkt (§ 498 BGB).

e) *Darlehensarten:* Nach den Tilgungsmodalitäten werden folgende Grundformen von Darlehen unterschieden: Festdarlehen (mit endfälliger Tilgung), Annuitätendarlehen (jährlich gleichbleibende Kapitaldienstleistungen, wobei der Zinsanteil während der Laufzeit sinkt und der Tilgungsanteil steigt) sowie Abzahlungs- oder Ratendarlehen (Rückzahlung in gleichbleibenden Raten, wobei für die Ermittlung der Ratenhöhe die zu zahlenden Zinsen am Anfang zur Darlehenssumme hinzugerechnet werden). Darüber hinaus gibt es noch eine Vielzahl an Varianten wie z. B. das Schuldscheindarlehen (spezielle Form eines Großdarlehens), das Forward-Darlehen (Darlehen, das für einen zukünftigen Zeitraum verbindlich vereinbart wird) oder Darlehen, die als Mischformen Fremd- und Eigenkapitalelemente kombinieren (nachrangiges Darlehen, partiarisches Darlehen).

3. *Sachdarlehen:* Form eines Darlehens, bei der sich der Darlehensgeber verpflichtet, dem Darlehensnehmer eine vertretbare Sache zu überlassen (§§ 607 ff. BGB). Der Darlehensnehmer ist verpflichtet, das vereinbarte Entgelt zu zahlen und die Sache in gleicher Art, Güte und Menge zurückzuerstatten (§ 607 I BGB). Die gesetzlichen Regelungen über Gelddarlehen finden keine Anwendung (§ 607 II BGB). Die Rückgabe der Sache erfolgt entweder bei Fälligkeit entsprechend einer Vereinbarung oder nach Kündigung (§ 608 BGB). Spätestens bei Rückzahlung ist das Darle-

hensentgelt zu zahlen. Sachdarlehen haben nur eine geringe praktische Bedeutung.

4. *Steuerliche Behandlung:* Bei privaten Darlehensgebern führen Einnahmen aus der Vergabe von Darlehen (z. B. Zinsen, Disagio, Bearbeitungsgebühren) zu Einkünften aus Kapitalvermögen, für betriebliche Darlehensgeber zu Betriebseinnahmen. Sie unterliegen damit der Einkommen- bzw. der Körperschaftsteuer. Bei Unternehmen gehören Darlehensforderungen zum notwendigen Betriebsvermögen und sind mit den Anschaffungskosten (oder gegebenenfalls mit dem voraussichtlich dauerhaft niedrigeren Teilwert) anzusetzen (§ 6 I Nr. 2 EStG). Aufgenommene Darlehen, die betrieblich veranlasst sind, sind notwendige Betriebsschulden, die mit dem Rückzahlungsbetrag (in der Regel der Nennbetrag oder aber ein höherer Teilwert) anzusetzen sind.

Darlehensvertrag

Vertrag über ein Darlehen (Geld- oder Sachdarlehen). Der Darlehensvertrag ist erst dann wirkungsvoll abgeschlossen, wenn der Darlehensgeber (zumeist ein Kreditinstitut) und Darlehensnehmer ihre Vertragserklärungen unterschrieben haben und den jeweils anderen Vertragsparteien die jeweilige Vertragserklärung zugegangen ist. Verzichtet der Darlehensnehmer bei Abgabe seiner Vertragserklärung auf den Zugang der Vertragserklärung des Kreditinstituts in Schriftform, ist der Darlehensvertrag auch dann wirksam abgeschlossen, wenn dem Darlehensnehmer die Vertragserklärung des Kreditinstituts als Abschrift zugeht. Für Verbraucherdarlehen gibt es zum Schutz der Verbraucher spezielle Regelungen, die sich insbesondere auf Informationspflichten (Mindestangaben) und Formerfordernisse beziehen.

Darlehenszins

Preis für ein Darlehen (Gelddarlehen), den der Darlehensnehmer dem Darlehensgeber für die Überlassung eines Geldbetrages und seiner Nutzung zu entrichten hat (§ 488 I S. 2 BGB). Diese Verpflichtung besteht nur bei entsprechender Vereinbarung, andernfalls handelt es sich um ein zinsloses Darlehen. Sofern vertraglich nichts anderes bestimmt ist, sind die Darlehenszinsen jeweils am Ende eines Jahres zu bezahlen oder bei früherer Rückzahlung gemeinsam mit dem Darlehensbetrag (§ 488 II BGB). Die Höhe der Zinsen richtet sich nach den Vereinbarungen zwischen Darlehensnehmer und Darlehensgeber, orientiert sich jedoch am jeweiligen Zinsniveau. Wird zwar die Verzinslichkeit, aber keine konkrete Zinshöhe vereinbart, ergibt sich der Sollzinssatz im Zweifel aus dem Gesetz (§ 246 i.V. mit §§ 352, 354 II BGB – gesetzlicher Sollzinssatz 4 Prozent). In der bankgeschäftlichen Praxis werden die Zinsen und Entgelte für die üblichen Kredite und Leistungen im Preisaushang bzw. Preisverzeichnis angegeben. Ohne abweichende Vereinbarung im Vertrag hat der Kunde diese Sätze zu zahlen. Darüber hinaus ist bei jedem Darlehen an Letztverbraucher der Effektivzins (PAngV) anzugeben. Ist der Zinszahlungstermin genau bestimmt, gerät der Darlehensnehmer sofort in Verzug, wenn er die vereinbarten Zinsen nicht bezahlt; der Darlehensgeber braucht dann nicht zu mahnen (§ 286 II BGB).

Dato-Wechsel

Wechsel, der auf eine bestimmte Zeit nach Ausstellung (z. B. drei Monate dato) fällig ist. Andere Wechselarten sind der Sichtwechsel, Nachsichtwechsel und der Tagwechsel.

Default-Klausel

Zusicherungsklausel in internationalen Kredit- und Anleiheverträgen, die den Gläubigern (Kreditgeber) die Möglichkeit einer sofortigen Kündigung einräumt, wenn der Schuldner (Kreditnehmer) seinen vertraglichen Verhaltenspflichten nicht nachkommt. Es handelt sich um eine Nebenbestimmung, die der anglo-amerikanischen Vertragspraxis entstammt (Financial Covenants), jedoch nicht im deutschen Recht verankert ist.

Zu den wichtigsten Kündigungsgründen gehören das Ausbleiben fälliger Zahlungen (Zinsen, Tilgung), das Nichteinhalten von Vereinbarungen (z. B. vertragswidrige Verwendung von Kreditmitteln), die Rücknahme von staatlichen Zusicherungen sowie die erhebliche Bonitätsverschlechterung des Schuldners. Tritt ein „Default" bei einem einzelnen Kredit auf, so hat das zur Folge, dass alle ausstehenden Schulden unabhängig von dem tatsächlichen Fälligkeitstermin sofort zurückzuzahlen sind. Eine spezielle Form dieser Klausel ist die Cross-Default-Klausel, die bereits dann eine Kündigungsmöglichkeit vorsieht, wenn der Schuldner die vertraglichen Verpflichtungen gegenüber Dritten nicht einhält.

Disagio

1. *Begriff:* Spanne, um die der Preis oder Kurs hinter dem Nennwert eines Wertpapiers oder der Parität einer Geldsorte zurückbleibt bzw. der Unterschiedsbetrag zwischen dem Ausgabe- und dem Rückzahlungsbetrag von Verbindlichkeiten. Aktien dürfen nicht mit Disagio ausgegeben werden (§ 9 AktG). Die Vereinbarung eines Disagios findet in der Kreditwirtschaft Anwendung bei Festzinsvereinbarungen in Darlehensverträgen. Ein Disagio bedeutet für den Schuldner (Darlehensnehmer, Emittenten), dass der Effektivzins den Nominalzins übersteigt. Für den Gläubiger bedeutet ein vereinbartes Disagio eine Verbesserung der Verzinsung (Rendite) seiner Geldanlage oder Ausleihe gegenüber der Normalverzinsung (Nominalzins). Bei der Ermittlung des effektiven Jahreszinses ist das Disagio laufzeitanteilig auf die Zinsen zu verrechnen. Bei Privatpersonen sind Kreditinstitute verpflichtet, bei Vereinbarung eines Disagios den „anfänglichen effektiven Jahreszins" im Kredit- oder Darlehensvertrag anzugeben.

2. *Bilanzielle Behandlung:* Handelsrechtlich ist eine Aktivierung (§ 250 III HGB) möglich, dann gesonderter Ausweis (Rechnungsabgrenzungsposten) vorgeschrieben, während der Rückzahlungszeit durch Abschreibungen zu tilgen; das Disagio kann auch als Zinsaufwand des Kreditaufnahmejahres angesetzt werden (gilt nicht für den IFRS-Jahresabschluss – nach IAS 39 Ansatz entsprechend der Methode der fortgeführten Anschaffungskosten).

Discounted-Cashflow-Verfahren

Discounted-Cashflow-Verfahren (DCF-Verfahren) dienen der Ermittlung des Unternehmenswertes. Dabei verdeutlicht der Begriff Discounted Cashflow bereits, dass sich der Unternehmenswert aus der Diskontierung von Cashflows ergibt. Die DCF-Verfahren gehören innerhalb der Methoden der Unternehmensbewertung zu den Gesamtbewertungsverfahren. Bei den *Gesamtbewertungsverfahren* wird das

Unternehmen als Bewertungseinheit verstanden und der Unternehmenswert ergibt sich aus der Nutzung aller Aktiva und Passiva betreffenden finanziellen Vorteile, die den Eigentümern und damit den Eigenkapitalgebern zur Verfügung stehen. Innerhalb der Gesamtbewertungsverfahren gehören die DCF-Verfahren zu den Zukunftserfolgswertverfahren, bei denen die zukünftige Entwicklung der Unternehmenserträge beziehungsweise Cashflows der Unternehmung im Fokus steht.

Die *DCF-Verfahren* bauen auf dem Kapitalwertkalkül der Investitionstheorie auf, wobei die Unternehmen als Investitionsobjekte betrachtet werden, deren Eigentümern Mittel in Form von Cashflows zufließen. Bei den kapitalwertorientierten Verfahren werden diese zukünftigen Zahlungsströme diskontiert. Die Vorteilhaftigkeit einer Unternehmensentscheidung wird bei den DCF-Verfahren mit der Entwicklung des Marktwertes den Eigenkapitals (Shareholder Value) verknüpft. Vorteilhaft an den Zukunftserfolgswertverfahren ist, dass diese von Interessenkonflikten zwischen den verschiedenen Eigentümern untereinander sowie zwischen den Eigentümern und dem Management der Unternehmung abstrahieren und ohne Kenntnis der subjektiven Konsum- und Zeitpräferenzen der Eigenkapitalgeber auskommen.

Damit der Unternehmenswert so eindeutig interpretierbar ist, müssen aus theoretischer Sichtweise einige Bedingungen erfüllt sein, die nur auf einem vollkommenen Kapitalmarkt unter Unsicherheit vorzufinden sind. Auf einem solchen Kapitalmarkt tragen die Eigen- und Fremdkapitalgeber aufgrund ihrer jeweiligen Rechte und Pflichten unterschiedliche Risiken, was durch ungleiche Risikoprämien zum Ausdruck kommt. Außerdem wird beim Fremdkapital immer noch teils vereinfachend angenommen, dass die Zins- und Tilgungsleistungen der Fremdkapitalnehmer als sicher angenommen werden können, womit der Fremdkapitalzins dem risikolosen Basiszinssatz entspricht. Die theoretische Rechtfertigung der eindeutigen Interpretierbarkeit findet sich grundlegend im Separationstheorem von Fisher, das besagt, dass die Investitions-, Finanzierungs-, und Konsumplanentscheidung getrennt voneinander betrachtet und somit Entscheidungen an Marktpreisen ausgerichtet werden können, solange ein vollkommener Kapitalmarkt existiert. Das

Separationstheorem von Fisher wurde von Arrow und Debreu für den Fall der Unsicherheit erweitert. Somit liefert die Marktwertmaximierung des Eigenkapitals als oberstes Zielkriterium der Unternehmung auf einem vollkommenen Kapitalmarkt unter Unsicherheit einen eindeutigen und theoretisch begründbaren Wert.

Zusammenfassend ist festzuhalten, dass die DCF-Verfahren sich durch ihre theoretische Fundierung auszeichnen und zur Bestimmung der Kapitalisierungsgröße sowie des Kapitalisierungszinssatzes auf kapitalmarkttheoretische Überlegungen zurückgegriffen wird.

Diskont

Zinsabschlag beim Ankauf von noch nicht fälligen Forderungen, insbesondere beim Ankauf von Wechseln. Der Diskont wird für den Zeitraum zwischen Ankaufs- und Fälligkeitstag berechnet. Der Verkäufer des Wechsels enthält dann die um den Diskont gekürzte Wechselsumme ausgezahlt und kann somit bereits vor Fälligkeit über den Wechselbetrag verfügen.

Wird der Wechsel bei einem Kreditinstitut eingereicht, werden dem Einreicher außer dem Diskont noch Wechselspesen in Rechnung gestellt. Der Ankauf von Wechseln durch ein Kreditinstitut ist nicht umsatzsteuerpflichtig (gemäß § 4 Nr. 8a UStG sind Kreditgeschäfte umsatzsteuerbefreit). Erfolgt der Ankauf jedoch durch ein anderes Unternehmen, ist dieses Geschäft umsatzsteuerpflichtig. Ein Unternehmen kann den abgezogenen Diskont im Rahmen der Gewinn- und Verlustrechnung als Betriebsaufwand geltend machen, sofern ein Waren- oder Dienstleistungsgeschäft dem Wechsel zugrunde liegt.

Diskontgeschäft

Bankgeschäft nach § 1 I Nr. 3 KWG, bei dem Kreditinstitute noch nicht fällige Wechsel und Schecks ankaufen. Das Diskontgeschäft umfasst im Wesentlichen die Vergabe von Diskontkrediten. Früher gehörte auch das Rediskontgeschäft dazu, bei dem Kreditinstitute von ihnen angekaufte rediskontfähige Wechsel bei der Deutschen Bundesbank zum Diskont einreichten. Nach der Errichtung der Europäischen Zentralbank (EZB) hat die

Deutsche Bundesbank zum 1.1.1999 ihr Diskontgeschäft und die Festsetzung eines hierfür erforderlichen Diskontsatzes eingestellt. Mit dem Wegfall der Refinanzierungsmöglichkeiten ist das Diskontgeschäft praktisch zum Erliegen gekommen.

Diskontkredit

1. *Begriff:* Kurzfristiger Kredit, den Kreditinstitute durch den Ankauf von noch nicht fälligen Wechseln vergeben. Dabei erhält der Kunde, der den Wechsel einreicht, den Wechselbetrag abzüglich der bis zur Fälligkeit entstehenden Zinsen (Diskont) und Wechselspesen ausgezahlt. Dazu wird der Wechsel durch Indossament an das Kreditinstitut übertragen. Bei Fälligkeit zahlt der Wechselkunde den im Wechsel vereinbarten Wechselbetrag zum Nennwert zurück. Für den Ankauf von Wechseln kann das Kreditinstitut dem Kunden eine Diskontkreditlinie einräumen, innerhalb derer Wechsel angekauft werden.

2. *Einordnung:* Die Vergabe von Diskontkrediten gehört zu den Bankgeschäften im Sinne des KWG (§ 1, I Nr. 3 KWG). Rechtlich gesehen ist der Diskontkredit ein Forderungsankauf und keine Kreditgewährung (außer beim Solawechsel). Aufgrund der Wechselstrenge und der Haftungsverpflichtung der Wechselbeteiligten ist ein Diskontkredit für die Kreditinstitute relativ risikolos.

3. *Bedeutung:* Mit der Übertragung der geldpolitischen Befugnisse auf die Europäische Zentralbank (EZB) wurde das Diskontgeschäft der Deutschen Bundesbank, also der Wechselankauf zum Diskontsatz, zum 1.1.1999 eingestellt. Vorher hat die Kreditinstitute die Möglichkeit, ihre angekauften Wechsel guter Bonität bei der Bundesbank zum Diskontsatz zu rediskontieren. Da die EZB keine Rediskontgeschäfte betreibt, hat das Diskontgeschäft allgemein an Bedeutung verloren. Gelegentlich kaufen Kreditinstitute auch heute noch Wechsel an und vergeben Diskontkredite, doch dann zumeist im Auslandsgeschäft.

Diskontsatz

1. Zinssatz für *Wechselkredite* (Diskontkredit). Beim Ankauf von Wechseln werden für die Zeit bis zum Fälligkeitstag Zinsen (Diskont) berechnet.

Diese werden von der Wechselsumme abgezogen. Der Wechseleinreicher erhält dann den abgezinsten Betrag ausgezahlt und zahlt bei Fälligkeit den Nennbetrag des Wechsels zurück.

2. Früher wurde der Diskontsatz von der Deutschen Bundesbank festgelegt und galt wie der Lombardsatz als Leitzinssatz der Geldpolitik. Da im Rahmen der Wirtschafts- und Währungsunion die geldpolitischen Befugnisse auf die Europäische Zentralbank (EZB) übergegangen sind, setzt die Deutsche Bundesbank seit dem 1.1.1999 keinen Diskontsatz oder Lombardsatz mehr fest. Sofern in früheren Vorschriften oder Alt-Verträgen Bezug auf den Diskontsatz genommen wird, regelt das Diskontsatz-Überleitungsgesetz (DÜG), dass als Referenzzinssatz heute ein Basiszinssatz verwendet wird, der sich am Zinssatz für längerfristige Refinanzierungsgeschäfte orientiert.

Diskriminanzanalyse

Modernes Verfahren der Bonitätsprüfung, bei dem eine Beobachtungsmenge vergangener Kreditengagements mit bekanntem Ausgang in zwei Gruppen eingeteilt wird. Dabei besteht eine Gruppe aus Kreditnehmern, die sich als kreditwürdig erwiesen haben, die andere, möglichst gleich große Vergleichsgruppe aus Kreditnehmern, die ihren Kredit nicht zurückgezahlt haben. Im Rahmen der eigentlichen Diskriminanzanalyse sind dann zwei Arbeitsschritte durchzuführen:

(1) Die beiden Gruppen werden empirisch darauf überprüft, durch welche Eigenschaften, Merkmale und Kennzahlen sie sich voneinander unterscheiden.

(2) Anschließend wird die Trennungsqualität dieser Faktoren analysiert. Das Ziel ist dabei, eine möglichst überschneidungsfreie Zuordnung der Objekte zu den Teilgruppen vornehmen zu können. Die Trennung erfolgt mittels einer Trennfunktion, der sogenannten Diskriminanzfunktion, die aus einem oder mehreren Merkmalen gebildet wird, sowie der Festlegung eines Trennwertes, dem sogenannten Cut-off Point, dessen Über- bzw. Unterschreiten über die Zuordnung zu den Gruppen entscheidet. Stehen die zu erfassenden Einzelmerkmale, deren Ausprägungen und die Gewichtungsfaktoren (vorläufig) fest,

kann die relative Häufigkeit bestimmter Diskriminanzwerte der „guten" und der „schlechten" Risiken festgestellt werden (vgl. Abbildung „Diskriminanzanalyse", Annahme von normalverteilten Werten).

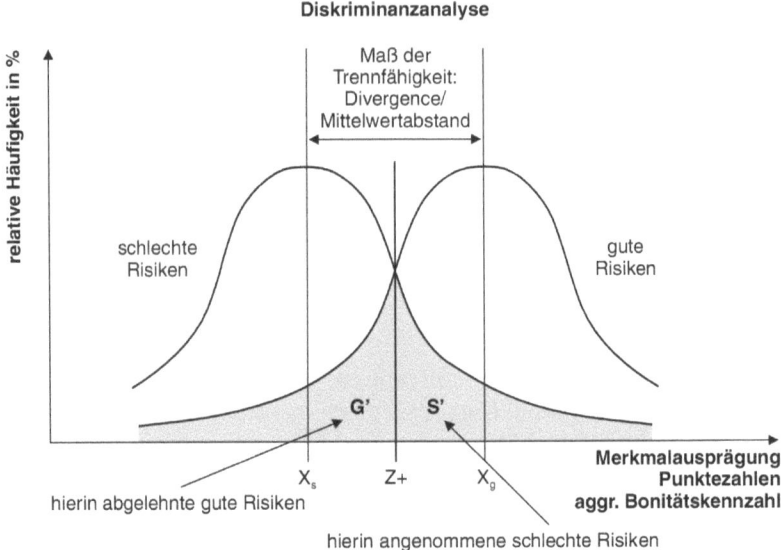

Trotz einer weitgehenden Trennung der „guten" und der „schlechten" Kreditengagements durch die Trenngerade Z+ verbleiben noch Bereiche (Flächen G' und S'), in denen es zu einer Fehleinschätzung kommt. Hierbei müssen zwei Arten von Fehlern berücksichtigt und minimiert werden: Einerseits kann ein schlechtes Engagement als gut (Fläche S'), andererseits kann ein gutes Kreditengagement als schlecht klassifiziert werden (Fläche G'). Gelingt eine völlige Trennung der Grundgesamtheiten, d. h. wird der durch die Flächen G' und S' dargestellte Überlappungsbereich eliminiert, werden beide Fehlerarten beseitigt. Dies gelingt umso besser, je weiter die Mittelwerte der Verteilungen auseinander liegen und je schlanker die Verteilungskurven sind. Aufgabe der Diskriminanzanalyse ist es nun, mithilfe statistisch-mathematischer Suchverfahren die Merkmale und die Gewichte so zu bestimmen, dass der Überlappungsbereich minimiert wird. Auf der Basis einer ermittelten Diskriminanzfunktion werden vorliegende Kreditanträge untersucht. Liegt die Punktzahl unter einem bestimmten Cut-off Point, wird das betrachtete Kreditengagement als „schlecht" klassifiziert, wird der Trennwert überschritten, handelt es sich auf Basis der Diskriminanzanalyse um ein „gutes" Kreditengagement. Ein weiterer Vorteil liegt darin, dass die korrekte Einordnung eines Kreditengagements anhand der tatsächlichen erhobenen Merkmale überprüft werden kann. Bei Abweichungen kann das System entsprechend kalibriert werden, es optimiert sich quasi selbst.

Anwendungsgebiete: Insolvenzprognose; Credit-Scoring-Verfahren.

Dispositionskredit

Kreditlinie, die Privatkunden von Kreditinstituten auf dem Kontokorrentkonto (Girokonto) eingeräumt wird. Meist statisch in Höhe von bis zu drei Netto- Monatsgehältern. Bei moderneren Vergabeverfahren wird die Kredithöhe anhand festgelegter Bonitätskriterien automatisiert ermittelt und bei Änderungen automatisch angepasst. Geregelt für Verbraucherdarlehensverträge in § 504 BGB.

Domizil

1. *Allgemein:* Wohnsitz einer Person oder Sitz eines Unternehmens.
2. *Wechsel- und Scheckrecht:* Zahlstelle (eine Bank), bei der der Wechsel oder Scheck zahlbar gestellt ist.

Domizilwechsel

Wechsel, der an einer besonderen Zahlstelle (Domizil), durchweg einer Bank, zahlbar gestellt ist. Der Domizilvermerk („Zahlbar bei ...") steht links unten auf dem Vordruck. Er bezieht sich nur auf die Zahlung der Wechselsumme. Den Zahlungsort hat der Aussteller anzugeben, die Zahlstelle kann sowohl der Aussteller oder als auch der Bezogene bezeichnen (Art. 27 WG).

Unechter Domizilwechsel: Zahlstellenwechsel.

Durchgeleiteter Kredit

Durchleitungskredit, Weiterleitungskredit; Investitionskredit, der von Banken und Sparkassen durch Weitergabe von zweckgebundenen fremden Mitteln an einen Endkreditnehmer bereitgestellt wird, wobei das durchleitende Kreditinstitut im eigenen Namen und für eigene Rechnung handelt und im Unterschied zu durchlaufenden Krediten das Kreditrisiko ganz oder teilweise selbst trägt.

Beispiel: ERP-Förderkredite der KfW Mittelstandsbank (KfW Bankengruppe).

Durchlaufender Kredit

Treuhandkredit; Ausleihung von zweckgebundenen Mitteln, die von der öffentlichen Hand oder sonstigen Stellen zur Verfügung gestellt und von den Kreditinstituten weitergeleitet und treuhänderisch verwaltet werden. Die Kreditinstitute haften für die durchlaufenden Kredite nur treuhänderisch.

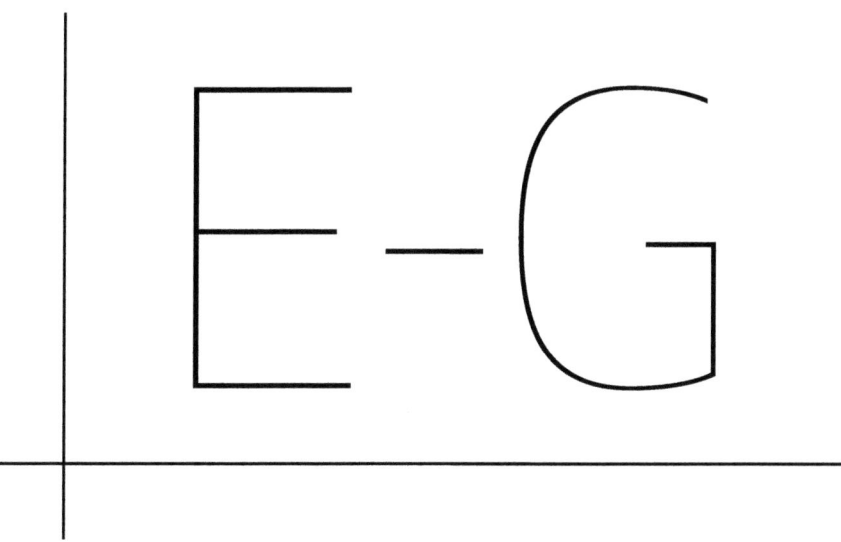

Effektenlombard

Beleihung von bestimmten Wertpapieren, heute veraltet: Im Rahmen des Lombardgeschäfts der Deutschen Bundesbank mit Kreditinstituten wurden die im Lombardverzeichnis aufgeführten Papiere beliehen, wofür der jeweils festgesetzte Lombardsatz galt, der stets höher als der Diskontsatz war.

An die Stelle des Effektenlombards ist ab dem 1.1.1999 die Spitzenrefinanzierungsfazilität der Europäischen Zentralbank getreten.

Eigene Akzepte

Bankakzepte (Wechsel), die im Rahmen eines Akzeptkredits vom Kreditnehmer ausgestellt und auf ein Kreditinstitut gezogen werden. Eigenen Akzepten liegt die Bedingung zugrunde, dass der Kunde die Wechselsumme vor Fälligkeit des Wechsels zur Verfügung stellt. Für Kreditinstitute stellen eigene Akzepte Eventualverbindlichkeiten dar.

Eigener Wechsel

Solawechsel; Eigenwechsel, Wechsel, bei dem sich der Aussteller selbst zur Zahlung des Wechselbetrags verpflichtet. Damit ist der Aussteller Hauptschuldner des Wechsels (im Gegensatz zum gezogenen Wechsel). Die rechtlichen Grundlagen für den eigenen Wechsel regelt das Wechselgesetz (Art 75 ff. WG). Eigene Wechsel werden z. B. zur Sicherung von Forderungen und Leistungen eingesetzt (Sicherheitswechsel bzw. Depotwechsel). Nicht mehr üblich sind Schatz- und Vorratsstellenwechsel, die von Bund und Ländern für vorübergehende Finanzierungszwecke verwendet wurden.

EURIBOR

Abkürzung für *Euro Interbank Offered Rate;* im Rahmen der Europäischen Wirtschafts- und Währungsunion geltender Geldmarktzinssatz am Euromarkt.

Der EURIBOR ist ein Durchschnittszinssatz für unbesicherte Euro-Kredite. Zur Berechnung melden mehr als 30 ausgewählte Banken täglich, welches der höchstgebotene Zinssatz dafür ist, dass eine Bank einer anderen Bank von hoher Bonität einen unbesicherten Euro-Kredit gewährt.

Anders als der EONIA beruht der EURIBOR nicht auf tatsächlichen Umsätzen, sondern auf Angaben über Marktbeobachtungen. EURIBOR-Zinssätze werden für Kredite mit unterschiedlichen Laufzeiten berechnet, darunter eine Woche sowie ein, drei, sechs und zwölf Monate. Im Euroraum ist der EURIBOR der maßgebliche Zinssatz für eine große Zahl von Krediten, darunter zum Beispiel Hypothekendarlehen mit variabler Verzinsung.

Euro Commercial Paper (ECP)

Schuldtitel bzw. Schuldverschreibungen (CP) erstklassiger Adressen mit kurzen Laufzeiten bis zu einem Jahr, die am europäischen Geldmarkt revolvierend emittiert werden (in der Regel unbesichert).

Evidenzzentrale

Erfassungsstelle bei der Deutschen Bundesbank, bei der Kredit- und Finanzdienstleistungsinstitute und Finanzunternehmen bis zum 15. der Monate Januar, April, Juli und Oktober diejenigen Kreditnehmer im In- und Ausland melden müssen, deren Kreditvolumen zu irgendeinem Zeitpunkt während der dem Meldetermin vorhergehenden drei Monate nach § 14 KWG bei ihnen 1 Mio. Euro und mehr (Millionenkredite) beträgt oder die Grenze für Großkredite nach Art. 394 CRR übersteigt. Hat ein Kreditnehmer bzw. eine Kreditnehmereinheit bei mehreren Kreditgebern Millionenkredite aufgenommen, so werden die Kreditgeber durch die Bundesbank über die Gesamtverschuldung informiert. Die Evidenzzentrale veröffentlicht regelmäßig eine Statistik zu den angezeigten Millionenkrediten.

Fälligkeitshypothek

Zu einem bestimmten Termin fällige, bis dahin unkündbare Hypothek. Der *Gegensatz* ist die Kündigungshypothek.

Fazilität

Im weiteren Sinne alle von Banken ihren Kunden eingeräumten Möglichkeiten der Geldanlage oder Kreditaufnahme.

Im engeren Sinne meint Fazilitäten den von Banken bereitgestellten Finanzierungsrahmen, der nach Bedarf in Anspruch genommen werden darf.

Im Rahmen der Geldpolitik: Im Eurosystems bietet die Zentralbank ständig zwei Fazilitäten an: die Spitzenrefinanzierungsfazilität, hierbei können Banken Übernachtkredite aufnehmen und die Einlagefazilität, hier können Banken über Nacht überschüssige Liquidität anlegen. Die Zinssätze für diese beiden Fazilitäten bilden die Ober- bzw. Untergrenze für den Tagesgeldsatz (EONIA).

Im Rahmen der internationalen Wirtschaftspolitik: Zusagen von Regierungen oder internationalen Organisationen (insbesondere IWF) in bestimmten Fällen Finanzhilfen oder Kredite zu gewähren, z. B. zur Bewältigung von Naturkatastrophen, in Krisenfällen oder bei Zahlungsbilanzproblemen.

Festhypothek

Hypothek, bei der die Forderung an einem festen Termin durch eine einmalige Leistung fällig wird.

Festsatzkredit

Kredit mit fest vereinbartem, unveränderlichem Zinssatz für die gesamte Kreditdauer bzw. für eine vereinbarte Zeitdauer (z. B. 5 Jahre). Während der Festzinsdauer sind Sondertilgungen im Allgemeinen nicht oder nur eingeschränkt möglich.

Festzinssatz

Zinssatz eines Darlehens, der für eine bestimmte Zeitdauer festgeschrieben ist. Nach Ablauf der Zinsbindungsfrist muss über die Konditionen neu verhandelt werden.

Fiduziarische Sicherheiten

Bezeichnung für Kreditsicherheiten, die in ihrer Entstehung und ihrem Fortbestand von der Existenz eines gesicherten Anspruchs unabhängig sind (abstrakte Kreditsicherheiten). Sie sind entweder als Sicherungsrecht gesetzlich nicht ausgestaltet (z. B. Sicherungseigentum) oder gesetzlich überhaupt nicht geregelt (z. B. Garantie), sodass ihr Sicherungscharakter eine vertragliche Gestaltung erfordert (sogenannte gekorene Sicherheiten). Hierzu gehören vor allem Garantie, Schuldmitübernahme, Sicherungsgrundschuld, Sicherungsübereignung und Sicherungsabtretung.

Wegen ihrer Abstraktheit können Sicherheit und Forderung im Unterschied zu den akzessorischen Sicherheiten getrennt übertragen werden. Die Abtretung (Zession) der Forderung zieht nicht zwangsläufig den Übergang der Sicherheit nach sich; § 401 BGB gilt insoweit nicht. Tritt z. B. der Gläubiger seine durch eine Garantie gesicherte Forderung gegen den Schuldner an einen Dritten ab, so geht diese Garantie nicht automatisch auf den neuen Gläubiger über, sondern muss gesondert abgetreten werden. Fiduziarische Sicherheiten können zur Sicherung künftiger oder bedingter, auch mehrerer abgrenzbarer Forderungen dienen. Infolge ihrer Unabhängigkeit gehen sie im Zweifel nicht unter, wenn die gesicherte Forderung erlischt; wohl aber hat der Sicherungsgeber gegenüber dem Sicherungsnehmer einen schuldrechtlichen Anspruch (Schuldrecht) auf Rückgabe der Sicherheit.

Treuhänderische Sicherheiten: Soweit die Verbindung zwischen Sicherheit und Forderung neben der Sicherheitenbestellung durch einen gesonderten Vertrag (Sicherungsvertrag, Sicherungsabrede, Zweckerklärung) hergestellt werden muss, bezeichnet man die fiduziarischen Sicherheiten als treuhänderische Sicherheiten. Dazu zählen Sicherungsgrundschuld, Sicherungseigentum (Sicherungsübereignung) und Sicherungsabtretung (Sicherungstreuhand, Treuhand).

Financial Covenants

Sammelbegriff für zusätzliche Vertragsklauseln oder Nebenabreden in Kredit- und Anleiheverträgen mit Unternehmen. Mit Vereinbarungen über Covenants werden den Kreditnehmern bzw. Schuldnern bestimmte Verpflichtungen auferlegt. Je nach Verpflichtungsart unterscheidet man General Covenants (allgemeine Bestimmungen, z. B. Zustimmungspflicht des Kreditgebers, wenn das Unternehmen wesentliche Vermögensteile verkaufen möchte), Information Covenants (Verpflichtung zur regelmäßigen Information, z. B. Quartalsberichte) und Financial Covenants (Verpflichtung zur Einhaltung festgelegter finanzieller Anforderungen, z. B. die maximale Verschuldung gemessen an der Leverage Ratio – Nettoverschuldungsgrad).

Zur Beurteilung einer angemessenen finanziellen Situation werden mit dem kreditnehmenden Unternehmen vor allem Kennzahlen vereinbart, die sich auf die Eigenkapitalausstattung, Verschuldung, Liquiditäts- und Ertragslage des Unternehmens beziehen. Der Kreditnehmer hat dem Kreditgeber diese Finanzkennzahlen regelmäßig mitzuteilen. Sollten sich die Kennzahlen im Laufe der Zeit verschlechtern und nicht mehr den Anforderungen genügen, so behält sich der Kreditgeber vor, die Kreditbedingungen an die geänderte Risikosituation anzupassen. Das kann beispielsweise ein Risikoaufschlag beim Zinssatz sein, die Forderung nach zusätzlichen Sicherheiten oder die Verpflichtung das Eigenkapital zu erhöhen. Auch ein Aussetzen der Auflagen kommt infrage, dafür berechnet der Kreditgeber eine Gebühr (waiver fee). Im Extremfall kann das Nichteinhalten der Financial Covenants zur Kündigung des Kreditvertrags führen.

Finanziertes Abzahlungsgeschäft

Ein finanziertes Abzahlungsgeschäft liegt vor, sofern ein Vertrag über die Lieferung einer Ware oder über die Erbringung einer Leistung und ein Darlehensvertrag miteinander verbunden sind. Das Darlehen dient in diesem Fall ganz oder teilweise der Finanzierung des anderen Vertrags und beide Verträge bilden eine wirtschaftliche Einheit (§ 358 Abs. 3 BGB).

1. *Begriff*: Kombiniertes („verbundenes") Geschäft, meist bestehend aus einem Kauf(vertrag) und einem Kreditvertrag (Teilzahlungskredit), wobei der Kredit der Finanzierung des Kaufpreises dient und beide Verträge als wirtschaftliche Einheit anzusehen sind (§ 358 Abs. 3 BGB). Handelt es sich käuferseitig um einen Verbraucher gem. §13

BGB, gelten die Voraussetzungen des Verbraucherdarlehensvertrags gem. § 491 ff BGB.

Unberührt von den Vorschriften des Verbraucherdarlehensvertrages bleiben Darlehensverträge, die in ein Protokoll aufgenommen wurden, welches gemäß den Vorschriften der Zivil-prozessordnung errichtete wurde, oder im Rahmen eines Vergleiches festgestellt wurde und dessen Zustandekommen und dessen Inhalt in einem richterlichen Beschluss aufgenommen wurde. Der Beschluss bzw. das Protokoll muss den gesetzlichen Sollzinssatz, sowie die bei Abschluss des Vertrages in Rechnung gestellten Kosten des Darlehens enthalten. Ebenfalls müssen die Voraussetzungen enthalten sein, unter denen der Sollzinssatz und die Kosten angepasst werden dürfen.

2. *Merkmale der wirtschaftlichen Einheit*: Eine wirtschaftliche Einheit ist insbesondere anzunehmen, wenn der Unternehmer selbst die Gegenleistung des Verbrauchers finanziert, oder im Falle der Finanzierung durch einen Dritten, wenn sich der Darlehensgeber bei der Vorbereitung oder dem Abschluss des Darlehensvertrags der Mitwirkung des Unternehmers bedient (§ 358 Abs. 3 BGB).

Dem Käufer tritt nur eine Person gegenüber, die im Besitz von Bestellschein und Darlehensantrag ist, und beide Urkunden werden gleichzeitig unterschrieben. Typisch ist ferner die Mithaftung des Unternehmers für die Darlehensschuld (in Form einer Bürgschaft oder Schuldmitübernahme), die Zweckbindung und Zahlung der Kreditvaluta an den Verkäufer, sowie eine Sicherungsübereignung an den Darlehensgeber. Fehlt eines dieser Merkmale, kann dennoch eine nach objektiven Kriterien zu bestimmende wirtschaftliche Einheit gegeben sein.

3. *Schutzrechte des Verbrauchers*: Im „verbundenen Geschäft" gemäß § 358 Abs. 1, 2 BGB. Ist der Nettokreditbetrag (Auszahlungsbetrag) dem Verkäufer bereits zugeflossen, tritt der Kreditgeber im Verhältnis zum Verbraucher im Hinblick auf die Rechtsfolgen eines Widerrufs in die Rechte und Pflichten des Verkäufers aus dem Kaufvertrag ein; die Rückabwicklung erfolgt allein im Verhältnis Kreditgeber/Verbraucher (§ 358 Abs. 4 BGB).

Kann sich der Verbraucher/Käufer auf Einwendungen aus dem Kaufvertrag berufen, die ihn dem Verkäufer gegenüber zur Verweigerung seiner Leistung (Zahlungen des vollen Kaufpreises von mehr als 200 Euro) berechtigen würden, so darf er die Rückzahlungen des Kredits verweigern. Stützt sich die Einwende auf einen Sachmangel bei der gelieferten Ware, so kommt jedoch zuerst eine Nachbesserung oder Ersatzlieferung (Nacherfüllung) in Betracht; erst wenn dies fehlschlägt, tritt der sogenannte Einwendungsdurchgriff gegenüber dem Kreditbetrag ein (§ 359 BGB).

Finanzwechsel

Wechsel, dem kein Warengeschäft zugrunde liegt, sondern der Geldbeschaffung dient (im Gegensatz zum Handelswechsel).

Beispiel: Eine Bank zieht einen Wechsel auf ihren Kunden (Debitorenziehung) oder auf eine andere Bank (Bank-auf-Bank-Ziehung). Der Kunde verschafft sich durch den Weiterverkauf des Wechsels liquide Mittel.

Firmenkredit

1. *Begriff:* Kredit an Unternehmen und Selbstständige (Firmenkunden), teils auch Unternehmerkredit genannt. Kredite an Firmenkunden unterscheiden sich von den Krediten an Privatkunden. Deswegen werden spezielle Angebote für Firmenkunden angeboten.

2. *Formen:*

a) Nach *Kreditarten* (vor allem unterschieden nach Art der Besicherung oder Verwendung): Akkreditivkredit; Akzeptkredit; Avalkredit; Diskontkredit; Eurokredit; Kontokorrentkredit; Saisonkredit; Baukredit; Investitionskredit; Hypothekendarlehen, usw.

b) Nach *Laufzeit* (besonders ausgerichtet auf die wirtschaftliche Nutzungsdauer des zu finanzierenden Wirtschaftsgutes): kurz- (bis zu einem Jahr), mittel- (ein bis unter vier Jahren) und langfristige (ab vier Jahren) Kredite.

3. *Zweck:* Firmenkredite dienen der Finanzierung von gewerblichen Investitionen, auch Beteiligungen an und Übernahme von Unternehmen sowie von Betriebsmitteln zur Sicherung der Liquidität der Unternehmen (Kreditfinanzierung). Besonders wichtig sind Kredite an Existenzgründer und

mittelständische Unternehmen, die aufgrund der fehlenden Eigenkapitalbasis und/oder Größe nicht so leicht Fremdkapital aufnehmen können; hier unterstützen Bund und Länder die Kreditversorgung durch Kredit- und Bürgschaftsprogramme.

Firmenkunden

Juristische Personen und im Handelsregister eingetragene Kaufleute (Selbstständige, Freiberufler, Handwerksbetriebe). Gruppe von Bankkunden, die sich im Hinblick auf die beanspruchten Bankleistungen von Privatkunden unterscheidet. Firmenkunden fragen vorrangig Finanzierungs- und Zahlungsverkehrsleistungen nach und weniger Geldanlageleistungen. Das Geschäft mit Firmenkunden wird dem Individualgeschäft zugerechnet, wobei allerdings auch Standardisierungen in der Abwicklung üblich sind.

Firmenkundengeschäft

Geschäftssparte der Kreditinstitute, in der alle Aktivitäten im Geschäft mit Großunternehmen und der gewerblichen Wirtschaft (Firmenkunden) gebündelt werden. Das Firmenkundengeschäft umfasst Akquisition, laufende Betreuung und Beratung von Firmenkunden in allen Finanz- und Bankgeschäften. Die Intensität von Beratung und Betreuung richtet sich nach der Größenordnung des Firmenkunden und der mit ihm zu erzielenden Deckungsbeiträge. Im Rahmen der Firmenkundengeschäfte werden alle Kredit- und Einlagengeschäfte, auch Auslands- und Devisengeschäfte angeboten sowie verschiedene Dienstleistungen (z. B. Mergers & Acquisitions) erbracht.

Forward-Darlehen

Forward-Darlehen werden zumeist für Immobilienfinanzierungen vergeben, bei denen die Zinsbindungsfrist für den Festzinssatz in absehbarer Zeit ausläuft, die Laufzeit des Darlehens aber noch andauert oder für zukünftige Finanzierungen, bei denen ein Finanzbedarf schon heute feststeht. Ein Forward-Darlehen kommt infrage, wenn ein Darlehensnehmer mit steigenden Zinsen rechnet und sich die günstigen Zinsen sichern möchte. Denn mit einem Forward-Darlehen hat der Darlehensnehmer eine Zinszusage für eine spätere Finanzierung bzw. Anschlussfinanzierung nach Ablauf der Zinsbindung. Ob die Zinsvereinbarung tatsächlich vorteilhaft ist, kann erst nachträglich beurteilt werden, wenn feststeht, wie die Marktzinsen sich entwickelt haben. Auch wenn die Zinsen sinken sollten, ist der Darlehensnehmer an den Vertrag gebunden. Für eine Kündigung gelten die gesetzlichen Fristen für Darlehensverträge (§ 489 BGB). Bei Nichtabnahme des Darlehens wird in der Regel eine Entschädigung fällig (ähnlich wie Vorfälligkeitsentschädigung). Kreditinstitute bieten Forward-Darlehen im Allgemeinen mit einer Laufzeit bis zu 5 Jahren an, der Kostenaufschlag für die vorzeitige Zinszusage beläuft sich auf rund 0,01 bis 0,03 Prozent je Monat Vorlaufzeit auf den heutigen Zinssatz.

Garantiegeschäft
Übernahme von Bürgschaften, Garantien und sonstigen Gewährleistungen für andere; Bankgeschäft im Sinn des KWG (§ 1 Abs. 1 Nr. 8 KWG).

Gedeckter Kredit
Kredit, der neben der persönlichen Bonität des Kreditnehmers besonders gesichert ist, und zwar durch Verpfändung von Effekten oder Waren, durch Bürgschaft, Sicherungsübereignung, Grundschuld, Hypothek etc.

Geldmarktkredit
1. *Charakterisierung/Bezeichnungen:* Geldmarktkredite können von Wirtschaftsunternehmen (sogenannte Nichtbanken) oder Banken bei den international ausgerichteten Banken in Euro oder in den gängigen Fremdwährungen zu kurz- bis mittelfristigen Laufzeiten aufgenommen werden. Zinsbasis für Geldmarktkredite sind im Allgemeinen EURIBOR bzw. EONIA oder LIBOR (London Interbank Offered Rate).

2. *Finanzierung/Kurssicherung:* Geldmarktkredite dienen den Wirtschaftsunternehmen vor allem der zinsgünstigen Finanzierung ihres kurz- bis mittelfristigen Kapitalbedarfs, und zwar sowohl des Inlandsgeschäfts als auch des Auslandsgeschäfts. Geldmarktkredite ermögli-

Geldmarktkredit

chen – als aufgenommene Fremdwährungskredite – darüber hinaus eine Kurssicherung bei Exportforderungen, die auf die entsprechende Fremdwährung lauten.

3. *Merkmale:*

a) Geldmarktkredite stehen in den Währungen aller führenden westlichen Industrienationen sowie in Euro zur Verfügung.

b) Ausdrückliche Höchstbeträge existieren bei Geldmarktkrediten nicht. Die Mindestbeträge liegen – je nach kreditgewährender Bank – bei etwa 100.000 Euro bzw. Fremdwährungsgegenwert.

c) Am Geldmarkt gibt es sowohl feste Laufzeitkategorien, z. B. eine Woche, zwei und drei Wochen sowie monatsbezogene Laufzeiten von eins, zwei, drei, sechs und zwölf Monaten sowie in den führenden Währungen bis zu 24 und 36 Monaten. Daneben sind im Einzelfall auch sogenannte krumme (gebrochene) Laufzeiten möglich, die zwischen den festen Laufzeitkategorien liegen und eine genaue zeitliche Anpassung an ein Außenhandelsgeschäft ermöglichen.

d) Auf Grundlage des Tagesgeldes unter Banken gibt es darüber hinaus auch die Kreditüberlassung als täglich fälliges Geld, was praktisch auf eine Kreditgewährung „bis auf Weiteres" hinaus läuft. Entsprechend der Zinsentwicklung für Tagesgeld ändert sich der Zinssatz bei täglich fälligen Geldmarktkrediten ebenso täglich.

e) Die von der kreditgewährenden Bank berechneten Zinskosten beruhen auf dem sogenannten Einstandszinssatz (z. B. EURIBOR, LIBOR, EONIA), zuzüglich eines Zinszuschlags der kreditgewährenden Bank. Bei fester Laufzeit des Geldmarktkredits gilt der vereinbarte Zinssatz im Allgemeinen ebenfalls fest für die gesamte Laufzeit. Als Referenzzinssatz für Geldkredite wird meistens der von der Europäischen Zentralbank bei den EURIBOR-Referenzbanken für Tagesgeld erhobene Zinssatz EONIA (Euro Overnight Index Average) herangezogen, zuzüglich der kundenindividuellen Marge der kreditgewährenden Bank. Je nach allgemeiner Zinslage kann der Zinssatz für Geldmarktkredite auch negativ sein.

Gezogener Wechsel

Wechsel, bei dem der Wechselaussteller den Bezogenen (Schuldner) anweist, dem Wechselnehmer (Begünstigter) bei Fälligkeit eine bestimmte Geldsumme zu zahlen. Akzeptiert der Bezogene den Wechsel durch Unterschrift (quer schreiben), dann ist er verpflichtet, dem Wechselinhaber bei Vorlage des Wechsels die Wechselsumme zu zahlen. Der gezogene Wechsel ist eine von zwei Hauptarten, die das Wechselgesetz unterscheidet.

Die andere Hauptart ist der eigene Wechsel (Solawechsel).

Girokonto

Ital. Giro = Kreis, Umlauf. Konto in laufender Rechnung, das der Abwicklung des Zahlungsverkehrs dient (Überweisungen, Lastschriften, Kartenzahlungen; vgl. § 355 Abs. 1 HGB).

Goldene Bankregel

Finanzierungsregel bei Banken, nach der die Dauer der Kapitalbindung im Vermögen nicht länger sein soll als die Dauer der Kapitalüberlassung (Fristenkongruenz im Aktiv- und Passivgeschäft).

Großkredit

Kredit eines Instituts oder einer Institutsgruppe im Sinne der CRR an einen Kreditnehmer, der insgesamt 10 Prozent der anrechenbaren Eigenmittel des Instituts bzw. der Institutsgruppe beträgt oder übersteigt (Art. 391 CRR; insgesamt zu Großkrediten Art. 387 – 403 CRR). Hierbei ist zu beachten, dass der Begriff *Großkredit* nicht ein einzelnes Darlehen, sondern die Gesamtheit aller Kredite des Kreditinstituts an einen Kreditnehmer meint. Die Meldepflichten für Großkredite regelt der Art. 394 CRR. Gemäß Artikel 395 CRR gilt für Kreditinstitute insgesamt eine Obergrenze für Großkredite.

Das Kreditinstitut darf gegenüber einem Kunden oder einer Gruppe verbundener Kunden nach Berücksichtigung möglicher Kreditrisikominderungen (vgl. dazu Art. 399 – 403 CRR) keine Risikoposition halten, deren

Wert 25 % seiner anrechenbaren Eigenmittel übersteigt. Eine etwas andere Regelung gilt, wenn der Kunde ein Kreditinstitut ist (Interbankenforderungen) oder zu einer Gruppe verbundener Kreditinstitute gehört. In diesem Fall darf der Risikopositionswert den jeweils höheren Wert von entweder 25 % der anrechenbaren Eigenmittel oder 150 Mio. EUR nach Berücksichtigung der Wirkung der Kreditrisikominderung nicht übersteigen, sofern gegenüber sämtlichen verbundenen Kunden, die keine Kreditinstitute sind, 25% der anrechenbaren Eigenmittel des Instituts nicht überschritten werden. Auf Basis von Art. 493 Abs. 3 CRR können nationale Übergangsregelungen festgelegt werden.

Grundschuld

1. *Begriff:* Belastung eines Grundstücks in der Weise, dass an den Begünstigten eine bestimmte Geldsumme aus dem Grundstück zu zahlen ist (§§ 1191-1198 BGB). Die Grundschuld zählt neben Hypothek und Rentenschuld zu den Grundpfandrechten. Sie dient der Besicherung von meist langfristigen Krediten (Realkredit).

2. *Unterschied zur Hypothek*: Da die Grundschuld ein abstraktes, vom Bestehen einer Forderung unabhängiges Grundpfandrecht darstellt, hat sie die Hypothek im bankmäßigen Kreditgeschäft weitgehend verdrängt. Das *Bestehen einer Forderung ist nicht* Voraussetzung zur Entstehung einer Grundschuld (im Gegensatz zur Hypothek). Demgemäß gelten für die Grundschulden die §§ 1114-1183 BGB nur, soweit sie die Hypothek als solche, nicht auch die zugrunde liegende persönliche Forderung betreffen. Auch wenn eine Grundschuld zur Sicherung einer persönlichen Schuld dient, ist sie in ihrem Bestand von der persönlichen Forderung ganz unabhängig.

Durch die Sicherungsabrede kann der Sicherungsnehmer aber verpflichtet werden, bei Wegfall des Sicherungszwecks die Grundschuld zurückzuübertragen, auf sie zu verzichten oder sie aufzuheben. Ferner soll sie den Sicherungsnehmer verpflichten, die Zweckbestimmung der Grundschuld zu erhalten.

3. *Publizität*: *Eintragung ins Grundbuch* in der dritten Abteilung ist für Buch- und Brief-Grundschuld erforderlich. Über die Grundschuld kann ein

Grundschuldbrief ausgestellt werden, der (selten) auch auf den Inhaber lauten kann und dann wie ein Inhaberpapier übertragbar ist.

4. *Bestellung*: Eine Grundschuld wird *bestellt:*

(1) Wenn der Schuldgrund verdeckt werden soll oder

(2) wenn der Grundstückseigentümer sich nicht zugleich persönlich verpflichten will, denn das sonstige Vermögen des Eigentümers haftet nicht (wohl aber meist bei der Hypothek). Die Grundschuld kann auch vom Grundstückseigentümer für diesen selbst eingetragen werden.

5. *Umwandlung*: Eine Grundschuld kann in eine Hypothek *umgewandelt* werden, ohne Zustimmung der im Rang gleich- oder nachstehenden Berechtigten.

6. *Sonderform der Grundschuld:* Rentenschuld.

7. *Bilanzierung* der Aktiv-Grundschuld unter langfristigen Darlehen im Umlaufvermögen, der Passiv-Grundschuld unter langfristigen Verbindlichkeiten.

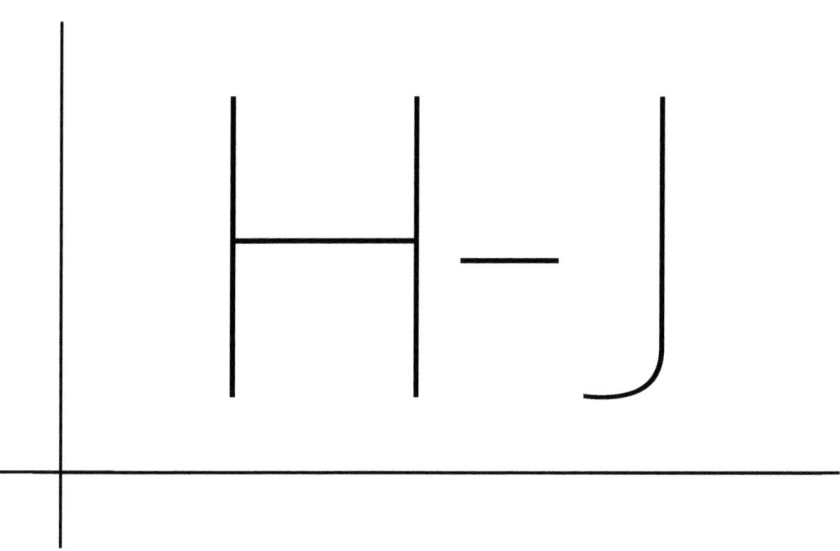

Handelswechsel

Wechsel, der zur kurzfristigen Finanzierung von Warenlieferungen sowie Dienstleistungen verwendet wird (Warenwechsel). Dabei stellt der Warenlieferant einen Wechsel aus, den der Käufer (Bezogener) akzeptiert. Bei Fälligkeit – meist nach 90 Tagen – ist der Käufer verpflichtet, den vereinbarten Betrag an den Wechselnehmer (Begünstigter) zu zahlen. Somit erhält der Käufer einen Lieferantenkredit. Der Lieferant kann den Wechsel als Zahlungsmittel verwenden (Weitergabe an den Wechselnehmer) oder als Kreditmittel zur Beschaffung liquider Mittel einsetzen.

Die früher gebräuchliche Form des Diskontkredits, bei dem Kreditinstitute kurzfristige Kredite auf der Basis von Handelswechseln gaben, hat heute stark an Bedeutung verloren, da die Möglichkeit des Rediskonts bei der Deutschen Bundesbank nicht mehr besteht.

Höchstbetragshypothek

Maximalhypothek; wird gemäß § 1190 BGB in der Weise bestellt, dass nur der Höchstbetrag, bis zu dem das Grundstück haften soll, bestimmt, im Übrigen die Feststellung der Forderung vorbehalten wird. Sofern die Forderung verzinst wird, sind die Zinsen im Gegensatz zur Hypothek oder Grundschuld in den Höchstbetrag einzurechnen (§ 1190 II BGB). Umwandlung in gewöhnliche Hypothek ist zulässig. Die Höchstbetragshypothek gilt als Sicherungshypothek, auch wenn sie im Grundbuch nicht als solche bezeichnet ist. Die Forderung kann nach allgemeinen Vorschriften (§§ 398 ff. BGB) übertragen werden; in diesem Fall ist der Übergang der Hypothek ausgeschlossen. Eine Höchstbetragshypothek kann zur Sicherung für alle bestehenden und zukünftigen Forderungen bestellt werden, auch zur Sicherung von Bürgschaftsverpflichtungen unter anderem Als nachteilig erweist sich für die Kreditpraxis nicht nur ihre Ausgestaltung als Sicherungshypothek, sondern vor allem, dass für die Zwangsvollstreckung eine Unterwerfung des Eigentümers (vollstreckbare Urkunde) mangels hinreichender Fixiertheit der Höhe des Zahlungsanspruchs nicht in Betracht kommt (vgl. § 794 I Nr. 5 ZPO). Im Fall der Zahlungsunfähigkeit des Kreditnehmers muss daher der Gläubiger Klage auf Duldung der Zwangsvollstreckung nach § 1147 BGB erheben, weshalb in der Praxis die verkehrsfähige abstrakte Sicherungsgrundschuld vorgezogen wird.

Sonderform: Arresthypothek.

Hypothek

I. Charakterisierung

Belastung eines Grundstücks in der Weise, dass an denjenigen, zu dessen Gunsten die Belastung erfolgt, eine bestimmte Geldsumme wegen einer ihm zustehenden Forderung aus dem Grundstück zu zahlen ist.

Einzutragen in Abt. III des Grundbuchs. Im Gegensatz zur Grundschuld und Rentenschuld ist das Bestehen einer persönlichen Forderung *Voraussetzung* für Entstehung der Hypothek, des dinglichen Rechts. Diese Abhängigkeit (Akzessorietät) ist nicht immer streng durchgeführt.

Der *Schuldgrund* (z. B. Darlehen, Kaufvertrag) berührt nur den *persönlichen Schuldner,* der nicht Eigentümer des belasteten Grundstücks zu sein braucht. Der *Eigentümer* des mit der Hypothek belasteten Grundstücks dagegen schuldet persönlich nichts (soweit er nicht – wie meist – gleichzeitig persönlicher Schuldner ist), sondern haftet nur mit dem Grundstück.

Zahlt der Schuldner nicht, kann sich der *Gläubiger* aufgrund der Hypothek aus dem Grundstück und den mithaftenden Gegenständen (z. B. Zubehör, Miet- oder Pachtzinsforderungen) durch Verwertung im Wege der Zwangsversteigerung und Zwangsverwaltung (§ 1147 BGB) befriedigen.

II. Arten

1. Regelform ist die *Verkehrshypothek:* Im Gegensatz zur Sicherungshypothek kann sich bei ihr ein gutgläubiger Erwerber auch hinsichtlich der persönlichen Forderung auf die Richtigkeit des Grundbuchs verlassen und wird durch dieses geschützt (§ 1138 BGB).

Die Verkehrshypothek kann Brief- oder Buchhypothek sein:

a) Die *Briefhypothek* (Hypothekenbrief) ist die Regel (§ 1116 I BGB).

b) Bei der *Buchhypothek* ist die Erteilung eines Hypothekenbriefes dagegen ausgeschlossen (§ 1116 II BGB). Der Vorteil der Briefhypothek besteht in der größeren Verkehrsfähigkeit. Zu ihrer Übertragung bedarf es nicht der Eintragung im Grundbuch. Der Ersterwerb erfolgt durch Einigung und Übergabe des Briefes. Zur Ausübung der Rechte aus der Hypothek genügt Besitz des Briefes.

2. Die *Sicherungshypothek* ist im Gegensatz zur Verkehrshypothek nur Buchhypothek und streng von der persönlichen Forderung abhängig, die der Gläubiger der Sicherungshypothek im Streitfall beweisen muss; er kann sich nicht auf das Grundbuch berufen. Für den Verkehr ist die Sicherungshypothek daher wenig geeignet. Im Grundbuch muss sie im Interesse der Rechtssicherheit ausdrücklich als solche bezeichnet werden (§ 1184 II BGB).

Sonderformen: Höchstbetragshypothek, Inhaberhypothek; ferner: Arresthypothek und Zwangshypothek.

3. Die *Gesamthypothek (Korrealhypothek)* wird zur Sicherung einer einheitlichen Forderung an mehreren Grundstücken bestellt, wobei jedes Grundstück und jeder Bruchteil für die ganze Forderung haftet. Der Gläubiger kann sich nach Belieben aus allen oder einzelnen Grundstücken oder Bruchteilen befriedigen.

4. Regelmäßig ist das Kapital der durch Hypothek gesicherten Forderung nach Kündigung in einer Summe fällig *(Kündigungshypothek).* Vielfach wird die Forderung in Raten abgetragen, so vor allem bei Baukredit von Banken und anderen öffentlichen Anstalten; dafür Eintragung einer *Tilgungshypothek* (Amortisationshypothek oder *Annuitätenhypothek).* Der Schuldner hat gleich bleibende Jahresleistungen zu erbringen. Da sich die Zinsbelastung bei zunehmender Rückzahlung der Schuldsumme verringert, wird der auf die Schuldsumme fallende Anteil der Tilgungsraten immer höher. Anders bei der Abzahlungshypothek, bei der langsam sinkende Jahresleistungen zu erbringen sind. Gleich bleibt der Betrag zur Tilgung der Schuldsumme, die Zinsleistung sinkt.

5. Mehrere im Rang gleichstehende oder unmittelbar aufeinander folgende Hypotheken desselben Gläubigers können im Grundbuch zu einer einheitlichen Hypothek zusammengefasst werden *(Einheitshypothek).*

6. Steht die Hypothek einem anderen als dem Eigentümer des belasteten Grundstücks zu, spricht man von *Fremdhypothek.* Tilgt ein Eigentümer, der

nicht gleichzeitig persönlicher Schuldner ist, die Forderung, so erwirbt er eine *Eigentümerhypothek*. Anders, wenn er auch persönlicher Schuldner ist. Erlischt die Forderung, so wandelt sich die Hypothek in eine Grundschuld, und zwar, da sie dem Eigentümer zusteht, in eine *Eigentümergrundschuld*.

7. *Vertragshypothek*: Sammelbezeichnung für alle Hypotheken, die aufgrund vertraglicher Vereinbarung zustande kommen, im Gegensatz zur im Wege der Zwangsvollstreckung entstandenen *Zwangshypothek*.

8. *Wertbeständige Hypothek:* Hypothek bei der sich der Wert an einem Inflationsindex orientiert.

9. *Sonderform:* Schiffshypothek.

III. Begründung, Übertragung und Aufhebung

1. Die Hypothek wird *begründet:*

a) Vertraglich durch Einigung zwischen Grundstückseigentümer und Gläubiger und Eintragung im Grundbuch. Zu beachten: Die Hypothek steht dem Grundstückseigentümer zu, bis die Forderung entsteht und der Hypothekenbrief übergeben ist.

b) Durch Zwangsvollstreckung als Arresthypothek und Zwangshypothek;

c) Kraft Gesetzes.

2. Die *Übertragung* der Hypothek erfolgt durch Abtretung der Forderung (Schriftform, § 1154 BGB) oder Eintragung im Grundbuch und Übergabe des Briefes bei der Briefhypothek, sonst Eintragung im Grundbuch. Gemäß § 1153 BGB geht mit der Übertragung der Forderung die Hypothek auf den neuen Gläubiger über. Mehrfache Übertragung ist zulässig.

3. Die *Zwangsvollstreckung* in eine Hypothekenforderung erfolgt in der Regel durch Pfändungs- und Überweisungsbeschluss mit Briefübergabe bzw. Eintragung im Grundbuch (§§ 830, 837 ZPO).

4. Die Hypothek *erlischt:*

(1) durch vertragliche Aufhebung;

(2) durch Befriedigung des Gläubigers im Wege der Zwangsvollstreckung;

(3) durch Ausfall in der Zwangsvollstreckung (geringstes Gebot).

Sie erlischt *nicht* bei Wegfall der durch sie gesicherten persönlichen Forderung; in diesem Fall entsteht eine Eigentümergrundschuld oder auch Eigentümerhypothek.

IV. Finanzierung

Hypotheken dienen der Beschaffung von langfristigem Fremdkapital. Durch die Verkehrshypothek wird Anlagevermögen zur Sicherung eines Kredites benutzt, mit dem andere Anlageteile oder Umlaufvermögen beschafft werden.

Zu *unterscheiden:*

(1) *Zinshypothek* (jährliche Zinszahlung und Gesamtrückzahlung der Darlehenssumme);

(2) *Tilgungshypothek* (jährliche Zinszahlung und Tilgung).

Hypothekarkredit

Hypothekendarlehen, langfristiger Kredit, der zur Finanzierung von Immobilien, Schiffen oder Flugzeugen verwendet und durch die Eintragung einer Hypothek, Grund- oder Rentenschuld ins Grundbuch besichert wird. In Abgrenzung zu den Pfandrechten an beweglichen Sachen, Forderungen und Rechten werden diese auch als Grundpfandrechte bezeichnet. Während früher eine Absicherung durch Hypotheken üblich war, sind diese in der heutigen Praxis bedeutungslos. Heute erfolgt die Besicherung in der Regel über Grundschulden. Dennoch wird der Begriff des Hypothekarkredits weiter verwendet.

Hypothekarkredite gehören zu den Realkrediten. Ist der Kreditnehmer eine Privatperson, so finden die Regelungen zu Verbraucherkrediten Anwendung (§§ 491 – 515 BGB).

Auch in anderen Ländern ist der Begriff des Hypothekarkredits üblich, wobei sich die Vergabe, Besicherung und Eintragung ins Grundbuch zur deutschen Praxis unterscheiden. Zur Harmonisierung des europäischen Finanzmarktes gibt es daher seit langem Bestrebungen, einheitliche Standards zu entwickeln. So wurde von der Europäischen Kommission im Jahr 2014 eine Richtlinie zu Wohnimmobilienkreditverträgen erlassen, die seit März 2016 in deutsches Recht umgesetzt ist und für Darlehensverträge, die nach dem 20. März 2016 geschlossen wurden, gilt.

Hypothekenbanken

Nach der Neuordnung des Pfandbriefrechts 2005 wurde das Hypothekenbankgesetz, das Gesetz über Schiffspfandbriefbanken sowie das Gesetz über die Pfandbriefe und verwandten Schuldverschreibungen öffentlich-rechtlicher Kreditanstalten im Pfandbriefgesetz (PfandBG) vom 22.5.2005 (BGBl. I 1373) m.spät.Änd. normiert. Damit ist die rechtliche Grundlage für Hypothekenbanken entfallen. Jedoch gilt die Erlaubnis zum Betreiben der Bankgeschäfte für die bis 2005 zugelassenen Hypothekenbanken weiter (§ 43 PfandBG i.V.m. § 32 KWG, außerdem § 50 Abs. 2 PfandBG). Im Verband deutscher Pfandbriefbanken sind 46 Mitgliedsinstitute vertreten (Stand Dez. 2017).

Den Umfang des Pfandbriefgeschäfts umschreibt § 1 Abs. 1 PfandBG. Ein Kreditinstitut, das das Pfandbriefgeschäft betreiben will, bedarf der Erlaubnis durch die Bundesanstalt für Finanzdienstleistungsaufsicht (BaFin). Die Voraussetzungen hierfür sind in § 2 Abs. 1 PfandBG aufgeführt. Der Pfandbrief, das traditionelle Refinanzierungsinstrument der Hypothekenbanken, ist eine der größten homogenen Asset-Klassen am europäischen Schuldverschreibungsmarkt (Covered Bonds). Der Rechtsrahmen zur Emission von Pfandbriefen, das Pfandbriefgesetz (PfandBG), ist streng an dem Grundsatz des Gläubigerschutzes orientiert. Tatsächlich haben Pfandbriefe aufgrund der hohen gesetzlichen Anforderungen eine Kreditqualität, die der souveräner Schuldner nahe kommt. Der Jumbo-Pfandbrief, das Segment für großvolumige Emissionen, ist dabei besonders auf die Liquiditätsanforderungen institutioneller Anleger aus dem In- und Ausland zugeschnitten.

Hypothekenregister

Bei Hypothekenbanken geführtes Register, in das die Hypotheken, die zur Deckung der ausgegebenen Pfandbriefe dienen, einzeln einzutragen sind.

ICMA-Effektivzins

Internationales Effektivzinsverfahren ICMA (International Capital Market Association) basierend auf der internen Zinsfußmethode, bei dem auch im unterjährigen Bereich unabhängig von willkürlich festgelegten

Zinsverrechnungszeitpunkten mit exponenziellen Zinsen, also mit täglichen Zinseszinsen, kalkuliert wird. Die für einen Tag anfallenden Effektivzinsen werden somit, unabhängig davon ob eine Zahlung erfolgt oder nicht, täglich kapitalisiert und am nächsten Tag wieder mitverzinst. Aufgrund der EU-Bestimmungen muss die Effektivverzinsung von Krediten nach dem ICMA-Ansatz berechnet werden. Dementsprechend ist dieses Verfahren in die deutsche Preisangabenverordnung (PAngV) übernommen worden.

Indossament

1. *Begriff:* Schriftliche Erklärung, mit dem ein Berechtigter (Indossant) das Eigentum und die Rechte aus einem Orderpapier auf einen anderen (Indossatar) überträgt. Das Indossament ist ein Übertragungsvermerk, der auf der Rückseite des Wertpapiers angebracht oder falls der Platz nicht ausreicht, auf einen angeklebten Anhang (Allonge) gesetzt wird. Die Übertragung durch Indossament ist insbesondere bei Wechseln vorgesehen (Art 11 WG), früher auch bei Orderschecks, diese sind nicht mehr gebräuchlich.

2. *Funktionen des Indossaments:*

a) Transportfunktion (Art. 14 WG): Durch das Indossament werden alle Rechte aus dem Wechsel vom bisherigen Gläubiger (Indossanten) auf den neuen Eigentümer (Indossatar) übertragen.

b) Garantiefunktion (Art. 15 WG): Jeder Indossant (genau wie der Wechselaussteller) haftet gegenüber jedem zukünftigen rechtmäßigen Wechselinhaber für die Annahme und Zahlung des Wechsels.

c) Legitimationsfunktion (Art. 16 WG): Als Berechtigter gilt der Inhaber des Wechsels, der auf diesem eine ununterbrochene Indossamentkette vorweisen kann, auch dann, wenn das letzte Indossament ein Blankoindossament ist.

3. *Formen:* Die übliche Form des Indossaments ist das Vollindossament: es enthält außer der Unterschrift des Übertragenden (Indossanten) auch den Namen des Empfängers (Indossatar) und wird mit dem Vermerk „an die Order" versehen. Mit einem Rektaindossament (mit dem Vermerk „nicht an die Order") wird die Weitergabe des Wechsels ausgeschlossen.

Wird der Name des Indossatars nicht angegeben, handelt es sich um ein Blankoindossament (Art. 13 II WG). Jeder Inhaber eines blanko-indossierten Wechsels gilt dann als Berechtigter.

Daneben gibt es noch Sonderformen des Indossaments: Mit dem Vollmachtsindossament (Art. 18 WG), auch als Prokuraindossament bezeichnet, das einen Zusatz enthält, wie z. B. „zum Inkasso", wird der Indossatar nicht Eigentümer des Wechsels, sondern erhält lediglich das Recht zum Einzug des Wechsels. Eine andere Form ist das Pfandindossament (Art. 19 WG), mit dem angezeigt wird, dass der Wechsel zum Zweck der Verpfändung indossiert worden ist. Mit einem Angstindossament (mit dem Vermerk „ohne Obligo" oder „ohne Gewähr") verweigert der Indossant den nachfolgenden Wechselinhabern das Recht auf Rückgriffshaftung.

Industriehypothek

Auf industriell genutzte Grundstücke eingetragene Hypothek (heute meist Grundschuld). Wert der Industriehypothek ist kritisch zu beurteilen, da Industrieobjekte bei eingeschränkter Nutzbarkeit und meist nicht gegebener Drittverwendbarkeit sowie eventuell vorhandenen Altlasten und/oder ungünstigem Standort im Insolvenzfall schlecht verwertbar sind. Industriehypotheken sind infolgedessen als dingliche Sicherheit für langfristige Kredite oder Anleihen nur geeignet, sofern im Verwertungsfall eine weiterhin rentable Nutzung gewährleistet ist.

Industriekredit

Von Kreditinstituten an Industrieunternehmen vergebene Betriebsmittelkredite (kurz- oder mittelfristig) sowie Investitionszwischenkredite (mittel- oder langfristig), die durch Emissionen von Wertpapieren (z. B. Industrieobligationen) später ersetzt werden.

Inhaberhypothek

Hypothek zur Sicherung einer Forderung aus einer Schuldverschreibung auf den Inhaber (Inhaberschuldverschreibung), aus einem Wechsel oder aus einem anderen Wertpapier, das durch Indossament übertragen werden kann (§§ 1187–1189 BGB).

Die Inhaberhypothek ist kraft Gesetzes *Sicherungshypothek*, auch wenn sie im Grundbuch nicht als solche bezeichnet ist, um das Auseinanderfallen von persönlichem und dinglichem Anspruch zu vermeiden. Das Papier (z. B. der Wechsel) hat für den Inhaber ähnliche Bedeutung wie der Hypothekenbrief bei der Hypothek.

Die Inhaberhypothek geht durch *Übertragung* des Papiers auf den Erwerber über.

Die Inhaberhypothek kann auch als *Höchstbetragshypothek* bestellt werden.

Inkasso

Einzug von Forderungen, vor allem von Schecks (Scheckinkasso), Lastschriften (Lastschriftinkasso), Wechseln (Wechselinkasso), Zins- und Dividendenscheinen, fälligen Schuldverschreibungen und Dokumenten (Dokumenteninkasso).

Vergütung für Inkasso: Inkassoprovision.

Inkassowechsel

Einzugswechsel; Wechsel, den ein Kunde seinem Kreditinstitut zum Einzug der Wechselsumme einreicht. Bei Fälligkeit muss ein Wechsel zur Zahlung beim Bezogenen (bzw. bei der Zahlstelle, in der Regel die Hausbank des Bezogenen) vorgelegt werden. Dabei können Kunden ihr Kreditinstitut beauftragen, von dem Zahlungsverpflichteten den Wechselbetrag einzuziehen. Nach Eingang des Gegenwertes wird dem Kunden der Wechselbetrag gutgeschrieben.

Insolvenzprognose

Mit einer Kreditvergabe gehen Kreditgeber das Risiko ein, dass der Kredit nicht fristgerecht, nur teilweise oder gar nicht zurückgezahlt wird. Deshalb werden im Rahmen der Kreditwürdigkeitsprüfung Einflussfaktoren untersucht, mit denen das Kreditrisiko gemessen und beurteilt werden kann. Eine Prognose über eine mögliche zukünftige Insolvenz ist vor allem im Firmenkundengeschäft von großer Bedeutung.

Für eine Prognose von Unternehmensinsolvenzen gibt es eine Vielzahl von Verfahren, insbesondere induktive Verfahren (Scoringverfahren, Expertenmodelle) und mathematischstatistische Verfahren. Weit verbreitet sind die empirisch-statistische Verfahren der Diskriminanzanalyse, mit denen ausgewählte Kennzahlen und Kennzahlenkombinationen zu einem Trennwert (individueller Diskriminanzwert) so verdichtet werden, dass eine Aussage in Bezug auf die Insolvenzgefährdung möglich ist. Ein weiteres Verfahren zur Insolvenzprognose ist die Prognose mithilfe künstlicher neuronaler Netze. Im Gegensatz zur Diskriminanzfunktion besteht hier die Möglichkeit einer nichtlinearen Trennung zwischen solventen und insolventen Unternehmen. Zur Ergänzung werden weiterhin simulationsgestützte Verfahren eingesetzt, um die erwartete Entwicklung eines Unternehmens aus verschiedenen Zukunftsszenarien abzuleiten (Monte-Carlo-Simulation). Aus der Simulation wird dann die Wahrscheinlichkeit einer Insolvenz berechnet. Dieser Verfahren bedienen sich auch Ratingagenturen, die die Ergebnisse in Ratingnoten für Unternehmen und Staaten umrechnen.

Investitionskredit

Investitionsdarlehen; mittel- bis langfristiger Kredit an Unternehmen zur Finanzierung des Anlagevermögens. Mit diesem Kredit werden vor allem Anlagegüter wie Produktionsanlagen, Lagerhallen oder Fahrzeuge finanziert, die dem Unternehmen langfristig zur Verfügung stehen.

Junior Debt

Englische Bezeichnung für *nachrangiges Fremdkapital*, also Fremdkapital, das im Insolvenzfall erst nach anderem Fremdkapital zurückbezahlt wird. Im Rahmen der Mezzanine-Finanzierung handelt es sich bei den Junior Debts um ungesicherte nachrangige Darlehen, die in ihrem Rang unmittelbar vor dem Eigenkapital stehen.

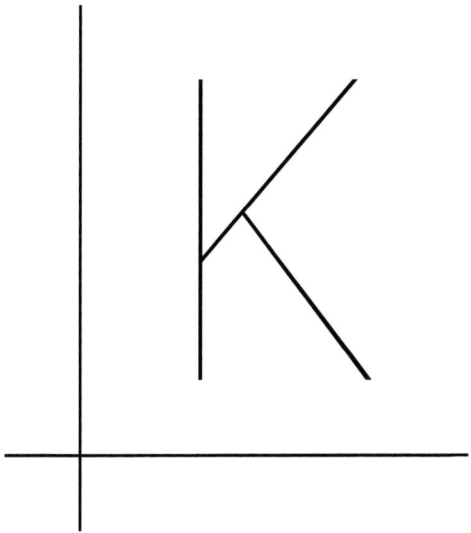

© Springer Fachmedien Wiesbaden GmbH, ein Teil von Springer Nature 2019
Springer Fachmedien Wiesbaden (Hrsg.), *280 Keywords Kreditgeschäft*,
https://doi.org/10.1007/978-3-658-23747-9_6

Kapitaldienstfähigkeit

Fähigkeit eines Kreditnehmers (bzw. eines Objekts/Projekts), die zukünftigen Zins- und Tilgungsleistungen eines Kredits (Kapitaldienst) aus dem laufenden Einkünften bzw. Cashflows termingerecht zu tätigen (ohne Berücksichtigung von Kreditsicherheiten). Die Prüfung der Kapitaldienstfähigkeit ist ein Teil des bankbetrieblichen Risikomanagementprozesses von Kreditinstituten (MaRisk BTO 1.2.1). Neben anderen Faktoren sind hierfür das Rückzahlungsverhalten des potenziellen Kreditnehmers in der Vergangenheit, die gegenwärtige Rückzahlungsfähigkeit sowie die zukünftig zu erwartenden Überschüsse bei der Beurteilung der wirtschaftlichen Verhältnisse zu berücksichtigen. Um die Kapitaldienstfähigkeit zu prüfen, wird bei Privatpersonen das frei verfügbare Einkommen des Kreditnehmers ermittelt, bei Unternehmen werden die wirtschaftlichen Verhältnisse durch die Vorlage der Jahresabschlüsse offen gelegt (§ 18 KWG). In Kombination mit zukünftig prognostizierten Liquiditätsüberschüssen bilden diese Informationen die Grundlage der Ermittlung der Kapitaldienst-fähigkeit der Unternehmen. Dieser Ermittlung folgt die Festlegung einer Kapitaldienstgrenze, dem Betrag, der ein Kreditnehmer maximal für Zinsen und Tilgung zur Verfügung steht.

Kapitaldienstgrenze

Höchstbetrag, den ein potenzieller Kreditnehmer für Zins- und Tilgungsleistungen aufbringen kann. Zur Berechnung wird bei Privatpersonen aus der Gegenüberstellung der laufenden Einkünfte und regelmäßigen Ausgaben zuzüglich einer Sicherheitspauschale das frei verfügbare Einkommen ermittelt. Für Unternehmen wird eine Bilanz-, Erfolgs- und Finanzplanung für die nächsten drei bis fünf Jahre durchgeführt und auf dieser Basis der künftige nachhaltige und ordentlich zu erwartende Cash-Flow prognostiziert. In die Berechnung fließen neben Abschreibungen, Fremdkapitalzinsen, langfristige Rückstellungen, Entnahmen/Ausschüttungen auch Ersatzinvestitionen ein.

Kommunalkredit

Kommunaldarlehen, Körperschaftskredit.

1. *Begriff:* Alle Forderungen an inländische Körperschaften und Anstalten des öffentlichen Rechts oder für die eine solche Körperschaft oder Anstalt die volle Gewährleistung übernommen hat. Sie werden überwiegend zur Finanzierung von Infrastrukturmaßnahmen (Verkehr, Gesundheit, Kultur) eingesetzt. Kreditgeber können grundsätzlich alle Kreditinstitute sein, allerdings werden Kommunalkredite überwiegend von öffentlich-rechtlichen Kreditinstituten vergeben. Kreditnehmer sind Körperschaften wie Bund, Länder, Kommunen und kommunale Zweckverbände und öffentlich-rechtliche Anstalten wie z. B. Rundfunkanstalten oder Krankenhäuser.

2. *Bonität:* Aufgrund des Rechts zur Erhebung von Steuern und der Beaufsichtigung durch entsprechende Behörden werden die Kredite ohne besondere Sicherheiten vergeben. Vor Kreditvergabe werden lediglich die Zahlungsfähigkeit entsprechend des Haushaltsplans und die Verpflichtungen aus anderen bestehenden Schuldverhältnissen geprüft. Für Kommunalkredite haften die Schuldner mit ihren gesamten Vermögen und mit dem Steueraufkommen; ein Insolvenzverfahren ist ausgeschlossen. Zur Beurteilung der Finanzsituation sind die Vorschriften des Haushaltsrechts zu beachten.

3. *Arten:* Kommunalkredite werden nach der Laufzeit und nach dem Verwendungszweck eingeteilt. Nach der in der Kreditwirtschaft üblichen Einteilung werden Kredite unter einem Jahr Laufzeit als kurzfristig, bei Laufzeit von einem Jahr bis unter vier Jahren als mittelfristig und bei Laufzeiten von vier Jahren und mehr als langfristig angesehen. Im Gegensatz hierzu werden unter kommunalwirtschaftlichen Gesichtspunkten Kommunalkredite als kurzfristige Kredite betrachtet, wenn ihre Laufzeit weniger als vier Jahre beträgt. Sie gelten als mittelfristig bei Laufzeiten von vier Jahren bis unter zehn Jahren und als langfristig bei zehn Jahren und mehr. Vom Verwendungszweck her gesehen wird zwischen Kassenkrediten, die in Form des Kontokorrentkredits aufgenommen werden, und langfristigen Kommunalkrediten, die als Investitionskredite in Form von Schuldscheindarlehen aufgenommen werden, unterschieden. Kassenkredite, im eigentlichen Sinne keine Kommunalkredite, werden vor allem zur Überbrückung kurzfristig auftretender Finanzlücken zwischen Einnahmen und Ausgaben verwendet.

4. *Begrenzung:* Das maximale Kreditvolumen ergibt sich in erster Linie aus den in den Gemeindeordnungen enthaltenen Vorschriften über die Haushaltsführung der Gemeinden, aber auch aus den Haushaltsordnungen des Bundes und der Länder. Danach dürfen Kredite grundsätzlich nur zur Deckung eines unabweisbaren Bedarfs und auch dann lediglich zur Finanzierung von Investitionsvorhaben aufgenommen werden. Bei Bund und Ländern darf von diesen Grundsätzen nur abgewichen werden, wenn die Kreditaufnahme „zur Abwehr einer Störung des gesamtwirtschaftlichen Gleichgewichts" (Art. 109 II GG) notwendig ist.

5. *Refinanzierung:* Landesbanken, private Hypothekenbanken und öffentlich-rechtliche Grundkreditanstalten refinanzieren sich durch Ausgabe von Kommunalobligationen, Sparkassen überwiegend durch Spareinlagen, Sparbriefe/Sparkassenbriefe, Sparkassenobligationen, Inhaberschuldverschreibungen.

6. *Unechter (indirekter) Kommunalkredit:* Der durch eine öffentlich-rechtliche Körperschaft verbürgte Kredit an Private hat vor allem Bedeutung im Wohnungsbau und bei der Ansiedlung von Unternehmen in strukturschwachen Regionen. Im Wohnungsbau werden z. B. sogenannte 1b-Hypotheken von Landeskreditanstalten oder Wohnungsbauförderungsgesellschaften der Länder übernommen oder verbürgt. Bei einem öffentlich verbürgten Wirtschafts- oder Industriekredit tritt die Bürgschaft oft an die Stelle einer unmittelbaren Kreditgewährung des Bundes oder eines Landes. Bei unechten Kommunalkrediten können auch Landesbanken oder Sparkassen Gewährleistungen übernehmen.

Konsortialkredit

Kredit, der von mehreren Banken (Bankenkonsortium) gewährt wird. Neben der Höhe des Kredits, die für eine Bank allein wegen KWG-rechtlicher Bestimmungen (Kreditwesengesetz (KWG), Großkredit) nicht darstellbar ist, stellt die Verteilung des Gesamtrisikos auf die Konsorten stets den eigentlichen Zweck eines Konsortialkredites dar.

Konsumentenkredit

1. *Begriff:* Kredit an private Haushalte, der der Finanzierung des Güterverbrauchs dient. Der Konsumentenkredit wird entweder als Ratenkredit

über Darlehenskonten oder als Dispositionskredit über Kontokorrent bereitgestellt. Die gesetzliche Grundlage bilden die Vorschriften zum Verbraucherdarlehen gem. § 492 ff BGB.

2. *Arten*: Konsumentenkredite werden heute als persönliche Kredite, Privatkredite, Privatdarlehen, Allzweckkredite o.ä. bezeichnet. Diese Bezeichnungen finden vornehmlich im multimedialen Umfeld sowie im Bereich des Marketings und des Vertriebs Anwendung. Die Kredithöhe ist im Allgemeinen auf 25.000 Euro begrenzt, bei höheren Beträgen ist eine besondere Sicherung, z. B. durch eine Grundschuld erforderlich. Die Laufzeit beträgt i. d. R. höchstens 72 Monate. Parallel zum Konsumentenkredit kann eine Kreditlebensversicherung (Restschuldversicherung) Schutz für den Todesfall oder die Arbeitsunfähigkeit des Kreditnehmers bieten. Der § 492b BGB definiert zulässige Kopplungsgeschäfte in Verbindung mit Konsumentenkrediten, im engeren Sinne Verbraucherdarlehensverträge.

3. *Kreditbesicherung*: Als Kreditsicherheiten können eingesetzt werden: Die Abtretung pfändbarer Teil von Lohn- und Gehaltsforderungen (Regelfall), die Übernahme einer Bürgschaft, bei verheirateten Kreditnehmern grundsätzlich die Mitverpflichtung des anderen Partners durch Schuldbeitritt. Dispositionskredite sind Überbrückungskredite und i. d. R. ungesichert (Blankokredite); das festgesetzte Kreditlimit steht in einem bestimmten Verhältnis zur Höhe der regelmäßigen Zahlungseingänge auf dem (Kontokorrent-)Konto, besonders zur Höhe der monatlichen Lohn- oder Gehaltszahlung. Zur Beurteilung der Kreditwürdigkeit gelten die Pflichten des § 505 a-d BGB; die Kreditinstitute verlangen Einkommensnachweise des Kreditnehmers, da die Verpflichtung aus einem Konsumentenkredit in angemessenem Verhältnis zum Einkommen und zu den laufenden Zahlungsverpflichtungen stehen muss, sodass die Rückzahlung des Kredits nachhaltig gesichert scheint. Ferner wird die SCHUFA-Auskunft eingeholt.

4. *Effektivzinsangaben*: Bei Ratenkrediten gelten die allgemeinen Bestimmungen der Preisangabenverordnung (PAngVO) i. d. F. vom 18.10.2002, zuletzt geändert durch Art. 5 des Gesetzes am 17.07.2017. Insbesondere § 6 Abs. 3 PAngVO regelt die Berechnung des anzugebenden effektiven Jahreszinses. Regelungen hinsichtlich der Werbung (§ 6a PAngVO), der

Kreditangebote sowie des Preisaushangs. Bei Überziehungsmöglichkeiten hat der Darlehensgeber statt des effektiven Jahreszinses den Sollzinssatz pro Jahr und die Zinsbelastungsperiode anzugeben, wenn diese nicht kürzer als drei Monate ist und der Darlehensgeber außer den Sollzinsen keine weiteren Kosten hat (§ 6b PAngVO).

Kontokorrent

Rechtliche Grundlage, auf der laufende Bankkonten (Kontokorrent-Konten) geführt werden; dort werden alle Gutschriften und Belastungen eines Bankkunden (Privat- oder Geschäftskunden) vom Kreditinstitut erfasst. Es dient zur Abwicklung aller Bankgeschäfte, vor allem des Zahlungsverkehrs, und kann sowohl kreditorisch als auch debitorisch geführt werden. Die Merkmale des Kontokorrents sind in § 355 HGB näher geregelt.

Kontokorrentkredit

Kredit in laufender Rechnung; Kredit, den der Kreditnehmer innerhalb der festgesetzten Laufzeit durch Verfügungen über sein Konto bis zur vereinbarten Kreditlinie in Anspruch nehmen kann. Der Kontokorrentkredit an Unternehmen ist ein Betriebskredit, der der Finanzierung der Gütererzeugung und Güterbereitstellung dient (Betriebsmittelkredit, Saisonkredit, Überziehungskredit, Zwischenkredit). Der Kontokorrentkredit an Privatpersonen wird als standardisierter Dispositionskredit zur Verfügung gestellt und dient der Konsumfinanzierung (Konsumentenkredit).

Rechtsgrundlagen für die Abwicklung des Kontokorrentkredites sind neben dem Kreditvertrag die Allgemeinen Geschäftsbedingungen der Kreditinstitute (AGB), die Bestimmungen des HGB über das Kontokorrentkonto (§§ 355 ff. HGB) und die Bestimmungen des BGB über das Darlehen (§§ 488 ff., 493 ff. BGB).

Kosten für den Kreditnehmer:

a) Zinsen auf den in Anspruch genommenen Betrag;

b) beanspruchen Kunden mehr Kredit als ihnen zugesagt ist, so berechnet die Bank einen Zinszuschlag (Überziehungszinsen);

c) Kontoführungsgebühren, Bearbeitungsgebühren je nach Anlass.

Kontoüberziehung

Im Rahmen der Kontoüberziehung unterscheidet man zwischen der eingeräumten Überziehungsmöglichkeit (§ 504 BGB) und der geduldeten Überziehung eines Kontokorrentkredits (§ 505 BGB). Bei der eingeräumten Kontoüberziehung wird einem Kunden ein Kreditlimit in Form eines Überziehungskredits (Dispositionskredits) auf dem laufenden Konto eingeräumt. Wird diese Obergrenze überschritten, so handelt es sich um eine geduldete Kontoüberziehung. Bei einer Kontoüberziehung sind nach Nr. 12 VI AGB Banken bzw. Nr. 18 AGB Sparkassen im Preisaushang (Preisangabenverordnung) aufgeführte (Überziehungs-)Zinsen zu zahlen. Duldet ein Kreditinstitut eine Kontoüberziehung länger als drei Monate und liegt die Kontoüberziehung durchschnittlich über 50 Prozent des monatlichen Geldeingangs auf dem Konto, dann hat das Kreditinstitut den Darlehnsnehmer hinsichtlich alternativer – günstigerer – Kreditmöglichkeiten zu beraten (gesetzliche Beratungspflicht gemäß § 504a BGB). Dadurch sollen Verbraucher vor Überschuldung geschützt werden.

Kredit

1. Begriff: Im engeren Sinne die Überlassung von Kapital bzw. Kaufkraft auf Zeit (Kreditgewährung), im weiteren Sinne das Vertrauen in die Fähigkeit und Bereitschaft, Schuldverpflichtungen (Verpflichtung zur Rückzahlung oder zur Bereitstellung der Deckung (Revaluierung)) zu erfüllen (Kreditwürdigkeit). Darüber hinaus wird auch das bei der Fremdfinanzierung überlassene Kapital selbst als Kredit bezeichnet.

2. Abgrenzung zwischen Kredit und Darlehen: Kredit ist gegenüber Darlehen der umfassendere Begriff, da er sich nicht nur auf die Geldleihe, sondern auch auf andere Kreditarten, wie Akzeptkredit und Avalkredit (Formen der Kreditleihe) und auch auf den Diskontkredit erstreckt. Diese Kreditverhältnisse sind rechtlich nicht als Darlehen, sondern als Geschäftsbesorgungsvertrag, als Bürgschaft bzw. Garantie oder als Kauf zu qualifizieren. Nach der Terminologie des BGB besteht das Darlehen in der Zurverfügungstellung eines Geldbetrags (§ 488 I BGB).

3. Kreditbegriff nach Capital Requirement Regulation (CRR) und Kreditwesengesetz (KWG): In der CRR wird der Begriff des Kredits nicht explizit definiert.

In § 1 I Nr. 2 KWG wird die Gewährung von Gelddarlehen und Akzeptkrediten als Kreditgeschäft bezeichnet. Diskontgeschäft und Garantiegeschäft (im wirtschaftlichen Sinn Kreditgeschäfte) werden in § 1 I KWG gesondert aufgeführt. Besonders umfassend, um alle denkbaren Kreditrisiken zu erfassen und damit gegebenenfalls einer Meldepflicht zu unterwerfen, ist der bankaufsichtliche Kreditbegriff des KWG in §§ 19–21:

(1) Gelddarlehen aller Art, entgeltlich erworbene Geldforderungen, Akzeptkredite sowie Forderungen aus Namensschuldverschreibungen,

(2) die Diskontierung von Wechseln und Schecks,

(3) die Stundung von Geldforderungen,

(4) Bürgschaften, Garantien und sonstige Gewährleistungen für andere,

(5) die Verpflichtung, für die Erfüllung entgeltlich übertragener Geldforderungen einzustehen oder sie auf Verlangen des Erwerbers zurückzuerwerben,

(6) Beteiligungen,

(7) Gegenstände, über die ein Kreditinstitut als Leasinggeber Leasing-Verträge (Leasing) abgeschlossen hat.

Kredit im Sinn von §§ 13, 14 KWG sind Bilanzaktiva sowie Derivate mit Ausnahme der Stillhalterposition von Optionsgeschäften sowie die dafür übernommenen Gewährleistungen und andere außerbilanzielle Geschäfte.

4. *Arten:*

a) Nach *Fristigkeit:*

(1) kurzfristiger Kredit: Laufzeit unter einem Jahr;

(2) mittelfristiger Kredit: Laufzeit von einem Jahr bis unter vier Jahren;

(3) langfristiger Kredit: Laufzeit von mindestens vier Jahren.

b) Nach *Kreditform:*

(1) Geldleihe, Darlehen;

(2) Kreditleihe.

c) Nach *Kreditzweck:*

(1) zweckfreier Kredit, z. B. Allzweckdarlehen;

(2) zweckgebundener Kredit, z. B. Betriebsmittelkredit, Baufinanzierungskredit.

d) Nach *Kreditbesicherung:*

(1) gesicherter Kredit;

(2) teilweise gesicherter Kredit;

(3) ungesicherter Kredit (Blankokredit).

e) Oft auch Unterscheidung von Personalkredit und Realkredit, wobei Realkredit im engeren Sinne nur der durch Grundstücke gesicherte Immobiliarkredit ist (in der Praxis sowohl bei Sicherung durch Grundschuld als auch durch Hypothek zusammenfassend als Hypothekarkredit bezeichnet); bei Sparkassen Unterscheidung in Realkredit, gesicherter Personalkredit und ungesicherter Personalkredit.

f) Nach *Kreditnehmer:*

(1) Kredite an Unternehmen und Selbstständige (Produktivkredite; in der Praxis als Firmenkredite bezeichnet);

(2) Kredite an öffentliche Haushalte (Kommunalkredite);

(3) Kredite an private Haushalte (Konsumentenkredit, Verbraucherdarlehen).

g) Nach *Kreditgeber:*

(1) Bankkredit;

(2) Sparkassenkredit;

(3) Lieferantenkredit.

h) Nach Zahl der *Kreditgeber:*

(1) Einzelkredit;

(2) Gemeinschaftskredit (Konsortialkredit).

i) Nach Form der *Kreditgewährung:*

(1) unverbriefte Kredite;

(2) verbriefte Kredite (Schuldscheindarlehen, Anleihe).

Kreditantrag

1. Mündlich oder schriftlich vorgetragener *Wunsch einer Privatperson*, eines Unternehmens oder einer Institution auf Gewährung eines Kredits seitens der Bank. Notwendig bei Firmenkrediten ist eine präzise Darstellung des Finanzierungswunsches in Kurzform, z. B. der Investition und deren Rentabilität, Betriebsmittelbedarf zur Inanspruchnahme von Skonto etc. (Kreditunterlagen).

2. *Formular der Kreditinstitute:*

a) Im Privatkundengeschäft: Abfrage aller persönlichen Daten, des Kreditverwendungszwecks, der Einnahmen und Ausgaben des Antragstellers, seines Vermögens und seiner Schulden;

b) im Firmenkundengeschäft: Kreditprotokoll, enthaltend Name und Rechtsform des Firmenkunden, Engagementsaufstellung (beantragte und bestehende Kredite), Aufstellung der Sicherheiten (neue und bereits bestehende), Hinweise auf vorliegendes Auskunftsmaterial, Rückmeldungen der zuständigen Bankaufsichtsbehörden bei Großkrediten, Stellungnahme des Kreditbearbeitenden zu Management, Branche, wirtschaftlichen und finanziellen Verhältnissen, Werthaltigkeit der Sicherheiten, Beurteilung des Kreditverwendungszwecks und der Rückzahlungsmöglichkeiten, Entscheidung der Bank, ob der beantragte Kredit gewährt werden soll oder nicht.

Kreditbesicherung

Sofern nicht blanko herausgelegt, werden Kredite ganz oder teilweise durch Kreditsicherheiten unterlegt, um das Kreditrisiko für den Kreditgeber wirtschaftlich tragbar zu halten. Im Fall der Insolvenz des Kreditnehmers soll der Verlust für das Kreditinstitut möglichst gering gehalten werden.

Kreditbrief

Anweisung an eine oder mehrere Banken, dem Begünstigten Beträge bis zu der im Kreditbrief bezeichneten Höchstsumme auszuzahlen (Akkreditiv). Wer aufgrund eines Kreditbriefs Zahlung verlangt, muss sich als sein rechtmäßiger Inhaber legitimieren.

Der Reisekreditbrief ist eine Sonderform, im Allgemeinen nicht mehr üblich.

Kreditderivat

1. *Begriff:* Kreditderivate sind Finanzderivate, die es ermöglichen, ein Kreditexposure (d. h. potenzielles Ausfallvolumen) außerbilanziell zu erhöhen oder zu verringern. Durch Kreditderivate wird Kreditexposure vom Käufer zum Verkäufer übertragen. Kreditderivate haben für den Käufer somit Versicherungscharakter.

2. *Einteilung:*

a) Bei *ereignisbezogenen Kreditderivaten* werden typischerweise im Fall eines Credit Events bei der zugrunde liegenden Adresse Zahlungen vom Verkäufer des Kreditderivates an den Käufer geleistet. Ein Credit Event ist ein Ereignis, das einen Ausfall oder eine Verschlechterung der Bonität einer Adresse anzeigt, wie z. B. die Eröffnung des Insolvenzverfahrens (ausfallbezogene Kreditderivate), die Nichterfüllung von Zahlungsverpflichtungen oder eine sich verschlechternde Bonitätseinstufung durch eine Rating-Agentur (ratingbezogene Kreditderivate). Grundsätzlich sind die beteiligten Parteien frei in der Definition des Credit Events. Da die Zahlungen aus dem Kreditderivat jedoch direkt vom Eintritt eines Credit Events abhängen, ist eine eindeutige Definition und eine unabhängige Überprüfbarkeit dieses Ereignisses von zentraler Bedeutung.

b) Bei *marktpreisbezogenen Kreditderivaten* basieren die Zahlungen zwischen den beteiligten Parteien auf der Performance eines bestimmten Finanzinstruments bzw. dessen relativer Performance zum Markt. Grundlegende Idee hierbei ist, dass sich Verschlechterungen in der Bonität einer Adresse negativ auf die Performance eines von ihr emittierten Finanzinstruments auswirken. Bei marktpreisbezogenen Kreditderivaten werden typischerweise im Fall einer guten Performance Zahlungen vom Käufer an den Verkäufer des Kreditderivates, im Fall einer schlechten Performance Zahlungen vom Verkäufer an den Käufer des Kreditderivates geleistet.

3. *Funktion:* In Abhängigkeit der genauen Spezifikationen des Kreditderivates erhält der Käufer im Fall einer Bonitätsverschlechterung der zugrunde liegenden Adresse vom Verkäufer Zahlungen aus dem Kreditderivat. Falls beim Käufer ein Kreditexposure bezüglich der zugrunde liegenden Adresse besteht, so können Verluste aus Wertberichtigungen auf diese Kredite durch Gewinne aus Zahlungen aus dem Kreditderivat ausgegli-

chen werden. Durch den Kauf des Kreditderivates hat der Käufer somit sein Kreditexposure bezüglich der zugrunde liegenden Adresse verringert. Im Gegenzug entstehen dem Verkäufer des Kreditderivates Verluste aus den von ihm zu leistenden Zahlungen. Sein Kreditexposure bezüglich der zugrunde liegenden Adresse hat sich durch den Verkauf des Kreditderivates erhöht.

4. *Vorteile:* Durch die Übertragung von Kreditexposure durch Kreditderivate ist es möglich, Kreditrisiken separat zu handeln, unabhängig von bilanziellen Beständen z. B. des Kredit- oder Wertpapierportfolios und den damit verbundenen Marktpreis- und Liquidätsrisiken. Es können Kreditrisikopositionen begründet, geschlossen oder verändert werden, ohne die aktuelle Risikoposition selbst ändern zu müssen. Dieses führt zu einer Vereinfachung und Flexibilisierung des Kreditrisikomanagements. Durch Kreditderivate können auf einfache Weise Kreditkonzentrationen reduziert oder der Diversifikationsgrad des Portfolios erhöht werden, ohne dass originäre Kreditbeziehungen geschaffen oder abgebrochen, Ausleihungen reduziert oder erhöht werden. Kreditderivate erlauben mithin ein Kreditrisikomanagement ohne Beeinträchtigung der Bank-Kunde-Beziehung.

5. *Arten:* In der Praxis haben sich im Wesentlichen die folgenden Produkte herausgebildet:

a) *Credit Default Swap bzw. Credit Default Option:* Credit-Default-Produkte ähneln von ihrer Struktur her einer herkömmlichen Garantie; die Prämie bemisst sich im Wesentlichen nach dem Nominalwert des zugrunde liegenden Finanzinstruments und der Bonität der zugrunde liegenden Adresse. ZUM TEIL werden Credit-Default-Produkte dahingehend unterschieden, ob Physical Settlement oder Cash Settlement vereinbart ist. Ist Physical Settlement vereinbart, so muss der Begünstigte tatsächlich im Besitz des zugrunde liegenden Finanzinstruments sein, um es im Fall eines Credit Events auch liefern zu können (sogenannter Credit Default Swap (CDS)). Ist hingegen Cash Settlement vereinbart, so ist die physische Lieferung ausgeschlossen und somit der Besitz des Finanzinstruments nicht notwendige Voraussetzung zur Abwicklung (sogenannte Credit Default Option).

b) *Credit Linked Note:* Eine Credit Linked Note ist eine strukturierte Schuldverschreibung, die als derivative Komponente eine Credit Default Option enthält. Hierbei ist der Verkäufer der Schuldverschreibung der Begünstigte aus dem darin enthaltenen Derivat.

c) *Total Return Swap:* Beim Total Return Swap wird der Ertrag des zugrunde liegenden Finanzinstruments gegen einen anderen Ertrag getauscht.

d) *Equity Swap:* Der Equity Swap ist ein Total Return Swap, bei dem das zugrunde liegende Finanzinstrument eine Aktie ist. Es folgt somit ein Tausch der Erträge der Aktien gegen einen sonstigen Ertrag.

e) *Credit Spread Option:* Die Credit Spread Option ist eine Option auf den Spread zwischen zwei Finanzinstrumenten, von denen mindestens eins einem Kreditrisiko unterliegen muss. Credit Spread Options sind in verschiedenen Ausprägungen denkbar. Ihre zugrunde liegende Variable oder Underlying kann sowohl ein Rendite- als auch ein Preisunterschied sein, sie können sich auf Zins- und Dividendentitel beziehen, und sie können verschiedenste, auch exotische, Auszahlungsprofile und -bedingungen haben.

f) *Credit Spread Forward:* Der Credit Spread Forward ist ein Termingeschäft auf den Spread zwischen zwei Finanzinstrumenten, von denen mindestens eins einem Kreditrisiko unterliegen muss. Damit gehört der Credit Spread Forward zur Gruppe der marktpreisbezogenen Kreditderivate. Auch Credit Spread Forward sind in verschiedenen Ausprägungen denkbar. In Analogie zur Credit Spread Option kann ihre zugrunde liegende Variable oder Underlying ein Preis- oder Renditespread sein, und sie können sich auf Zins- oder Dividendentitel beziehen.

Kreditfähigkeit

Fähigkeit, rechtswirksame Kreditverträge (Darlehensverträge) abzuschließen. Kreditfähig sind voll geschäftsfähige natürliche Personen, juristische Personen sowie Personenhandelsgesellschaften.

Geschäftsunfähige bzw. beschränkt geschäftsfähige natürliche Personen bedürfen neben der Genehmigung durch ihre gesetzlichen Vertreter (Eltern, Betreuer) noch der Genehmigung des Vormundschaftsgerichts (§§ 1643 I, 1822 Nr. 8 BGB). Vor Abschluss eines Kreditvertrags werden üblicherweise die Kreditfähigkeit und Kreditwürdigkeit geprüft.

Kreditfazilität

Gesamtheit aller Kreditmöglichkeiten, die einem Kunden zur Deckung eines Kreditbedarfs bei einer oder mehreren Banken zur Verfügung stehen (zumeist gegen Stellen von Sicherheiten) und die der Kunde nach Bedarf in Anspruch nehmen kann.

Kreditklemme

Bezeichnet eine Einschränkung der Kreditvergabe durch das private Bankensystem an Haushalte und insbesondere Unternehmen, wodurch negative konjunkturelle Auswirkungen (Rezession) resultieren.

Hintergrund: Selbst wenn das Bankensystem mit ausreichend Liquidität durch die Notenbank versorgt wird, reichen die Banken bei einer Kreditklemme die Liquidität nicht weiter, da sie diese selbst für die Aufrechterhaltung ihrer Zahlungsfähigkeit benötigen. Die letzte Finanzkrise (2007–2009) mündete in wichtigen Industriestaaten in eine Kreditklemme und sorgte für den stärksten konjunkturellen Einbruch seit Ende des Zweiten Weltkriegs. Für Deutschland ist der Nachweis einer Kreditklemme aufgrund der Exportorientierung der Wirtschaft eher schwierig, da auch die Kreditnachfrage in Krisenzeiten stark rückläufig ist.

Kreditkontrolle

I. Kreditkontrolle bei Kreditinstituten

1. *Interne Kreditkontrolle (Kreditkontrolle im engeren Sinne):*

(1) Kontrolle der Kreditsachbearbeitung vor Auszahlung der Darlehen und vor Bereitstellung der Kredite (Kreditprüfung);

(2) nach Kreditvergabe sich turnusgemäß wiederholende Prüfung des Kreditengagements (Kreditüberwachung).

2. *Gesetzliche Kreditkontrolle (Kreditkontrolle im weiteren Sinne):* Gesamtheit der währungspolitischen und bankaufsichtlichen Maßnahmen zur Steuerung der Kreditvergabe durch den Geschäftsbankensektor.

II. Kreditkontrolle bei Unternehmen

Zweck der Kreditkontrolle:

1. Rechtzeitige Verhinderung von Forderungsverlusten durch geordnetes Mahnwesen.

2. Schaffung von Unterlagen für die Aufstellung von Finanzstatus.

3. Grundlage für Errichtung von Finanzplänen aufgrund zu erwartender Entwicklung des Zahlungseingangs, ermittelt durch Auswertung folgender Unterlagen:

(1) Bestand an Außenständen;

(2) Gliederung der Außenstände nach Groß- und Kleinabnehmern;

(3) Gliederung der Kunden nach guten und schlechten Zahlern unter Berücksichtigung der Zahlungsgewohnheiten im Rahmen der branchenüblichen Zahlungsbedingungen;

(4) durchschnittlicher Anteil der Zahlungen durch Kundenwechsel am Zahlungseingang und durchschnittlicher Anteil der Zahlungen mit diskontierfähigen Wechseln am Wechseleingang;

(5) Übersicht über die Marktlage der abnehmenden Branchen (Saison- und Konjunkturschwankungen) und der sich daraus ergebenden Liquidität der Abnehmer;

(6) eingeholte Informationen über den Stand von Kreditanbahnungs- und -abwicklungsverhandlungen.

Kreditkosten

Kosten der Inanspruchnahme eines Kredits, bestehend aus Zins, Provisionen sowie Auslagen und Nebenkosten.

Im Bereich des Verbraucherkredits schreibt § 492 BGB die Angabe von Zinsen und aller sonstigen Kosten im schriftlichen Kreditvertrag vor.

Bei Überziehungskrediten gelten §§ 493, 504 BGB. Bei Verbraucherdarlehen sind die Vorschriften der Preisangabenverordnung zu beachten (Preisaushang, Angabe des Effektivzinses). Diese Bestimmungen betreffen nur Kredite an Letztverbraucher (vgl. § 6 der Preisangabenverordnung (PAngV) i.d.F. vom 18.10.2002 (BGBl. I 4197) m. spät. Änd.

Kreditleihe

1. *Begriff:* Kreditgeschäft, bei dem die Bank oder Sparkasse dem Kunden ihre eigene Kreditwürdigkeit zur Verfügung stellt. Durch die Kreditleihe werden die Mittel der Bank nur beansprucht, wenn der Kunde seinen Verpflichtungen nicht nachkommt.

2. *Arten:* Avalkredit, Akzeptkredit, Rembourskredit.

Kreditlimit

Einem Kunden aufgrund seiner Kreditwürdigkeit eingeräumter Kredit-Höchstbetrag.

Kreditlinie

Einem Kreditnehmer entsprechend der Kreditzusage eingeräumter Kreditrahmen. Die Krediteinräumung kann nach außen dokumentiert (Kreditvertrag) oder intern von der Bank festgesetzt worden sein.

Offene Kreditlinien entstehen, wenn die eingeräumten Höchstbeträge nicht beansprucht werden.

Kreditmarkt

1. *Begriff:* Bezeichnung für den weder örtlich noch zeitlich begrenzten Markt, auf dem Finanzmittel gehandelt werden.

2. Der Kreditmarkt wird *unterteilt* in Geldmarkt und Kapitalmarkt.

3. *Funktion der Kreditinstitute:*

a) Kreditinstitute sind auf dem Kreditmarkt als *Kreditnehmer* tätig, indem sie Finanzmittel sammeln

b) Sie sind *Kreditgeber,* indem sie Gelder ausleihen.

c) Sie sind *Kreditvermittler,* indem sie Anbieter und Nachfrager zusammenführen.

Kreditplafond

1. Einem *öffentlichen Schuldner* (meist gesetzlich) eingeräumte Kreditlinie. Die Höhe der Kreditplafonds von Bund und Ländern bzw. den Sondervermögen des Bundes war bis 1994 im Bundesbankgesetz geregelt (§ 20 BBankG). Diese Kreditplafonds waren ausnutzbar durch Kassenkredite oder Schatzwechselkredite.

2. Kreditplafond im *privaten Sektor* ist der Gesamtbetrag, der zur Kreditgewährung für bestimmte Zwecke zur Verfügung steht, z. B. die Kreditplafonds A, C, D und E der Ausfuhrkreditgesellschaft mbH (AKA).

Kreditprovision

Entgelt für die Bearbeitung oder Bereitstellung eines Kredits.

Kreditrevision

Planmäßige, kritische Untersuchung der Kreditengagements eines Kreditinstituts sowie des Inhalts, der Art und des Ablaufs der Kreditentscheidung, -bearbeitung und Kreditüberwachung durch nicht im Kreditgeschäft selbst tätige Revisoren. Die Kreditrevision befasst sich insbesondere mit der Prüfung und Beurteilung der Einhaltung der Vorgaben nach den MaRisk für das Kreditgeschäft. Die nach aufsichtsrechtlichen Vorgaben erforderlichen Kreditratingsysteme sind von den Kreditinstituten regelmäßig zu überprüfen. Diese Prüfung ist häufig wesentlicher Bestandteil der Aufgaben der Kreditrevision und dient vor allem der Beurteilung des Risikomanagementsystems der Adressenausfallrisiken von Kreditinstituten. Neben Einzelfallprüfungen (Stichprobenverfahren) bedient sich die Kreditrevision risikoorientierter Prozessprüfungen (Systemprüfungen). Die Kreditrevision findet in regelmäßigen oder unregelmäßigen Zeitabständen oder aber aus besonderer Veranlassung als Sonderprüfung für einzelne Kreditengagements durch eine neutrale Stelle (interne Revision) statt. Die interne Revision ist direkt der Geschäftsleitung eines Kreditinstitutes angegliedert oder unterstellt. Daneben unterliegen alle Kreditinstitute einer externen Kreditrevision durch Wirtschaftsprüfungsgesellschaften, Prüfungsverbände oder Verbandsrevisoren. Durch die Kreditrevision sollen Kreditrisiken vermindert und Ausfälle im Kreditgeschäft minimiert werden.

Kreditrisiko

1. *Begriff:* Spezifisches Wagnis der Geschäftsbanken bei Gewährung von Krediten: Forderungsausfallrisiko, das in der Gefahr des teilweisen oder vollständigen Ausfalls vertraglich vereinbarter Zins- und Tilgungszahlungen besteht, die ein Kreditnehmer zu erbringen hat (Kreditausfallrisiko). Dem Risiko der Nichterfüllung des Rückzahlungsanspruchs bei einem Barkredit entspricht bei einer Kreditleihe das Risiko der Nichterfüllung des Revalierungsanspruches.

2. *Arten:*

a) *Einzelrisiken:* Hierunter sind Engagements zu verstehen, denen erkennbar eine akute oder eine erhöhte latente Ausfallgefahr anhaftet;

b) *Volumenrisiken:* Mit dem Wachstum des Kreditvolumens steigert eine Bank im Allgemeinen und unter sonst gleichen Umständen ihr Risikopotenzial;

c) *Streuungsrisiko:* Unter sonst gleichen Umständen ist der Risikogehalt eines Kreditbestandes umso höher, je ungünstiger die Ausleihungen gestreut wurden, d.h. je geringer die Diversifikation bezüglich Kredithöhe, Branchen und Regionen (bei Auslandsengagements: Ländern), sowie Art der Absicherung ist. Man könnte auch von Strukturrisiken sprechen.

3. *Indikatoren:*

a) *Einzelrisiken:* Bestand an Einzelwertberichtigungen (EWB) in Prozent der Kundenkredite; Veränderungen der EWB, ohne Verbrauch, in Prozent der Kundenkredite; Anmerkungsbedürftige Kredite (mit erhöht-latenten Risiken) in Prozent der Kundenkredite; Risiken in Großkrediten in Prozent der Eigenmittel, soweit nicht durch EWB gedeckt.

b) *Volumenrisiken:* Abweichung der Wachstumsrate des Kreditvolumens von der gruppendurchschnittlichen Rate nach oben.

c) *Streuungsrisiken:*

(1) *Größenstreuung:* Streuungsmaß, errechnet aus der Aufgliederung der Kredite nach Größenklassen; Großkredite in Relation zu den Eigenmitteln; Durchschnittsbetrag der Forderungen an Kreditinstitute in Prozent der gesamten Interbankforderungen.

(2) *Branchenstreuung:* Streuungsmaß, errechnet anhand der Branchengliederung; Kredite an Not leidende Branchen im Verhältnis den Eigenmitteln.

(3) *Regionale Streuung (national):* Ausleihungen an Schuldner in Gebieten mit schlechter Wirtschaftslage in Prozent der Kundenforderungen; Ausleihungen an Schuldner außerhalb des Geschäftsgebietes in Prozent der Kundenforderungen.

(4) *Länderstreuung:* Kredite an Entwicklungsländer und Schwellenländer in Prozent der Kundenforderungen; die fünf höchsten derartigen Länderkredite in Prozent der Kundenforderungen.

(5) *Streuung nach der Art der Absicherung:* Blankokredite bzw. -anteile in Prozent der Kundenforderungen; Kredite mit zweifelhaften Sicherheiten (z. B. Sicherungsübereignungen, Forderungsabtretungen) in Prozent der Kundenforderungen; Kredite, die nicht Realkredite und Kommunalkredite sind, in Prozent der Kundenforderungen.

4. *Inhalt:* Im Allgemeinen wird das Kreditrisiko nur in der mangelhaften Bonität des Kreditnehmers oder aber auch in einer nicht ausreichenden Besicherung gesehen. Dieses Verlustrisiko ist jedoch zu präzisieren und um die Beschreibung weiterer Risiken, die mit einer Krediteinräumung verbunden sein können, zu ergänzen (Einzelrisiken):

a) Bei *Auslandskrediten* ist darauf hinzuweisen, dass trotz guter Bonität des Schuldners Verluste entstehen können, wenn ausländische staatliche Stellen den Devisentransfer *(Transferrisiko)* für Zinsen und Tilgung verbieten, keine Devisen vorhanden sind oder die Verwertung von Sicherheiten unmöglich gemacht wird.

b) Ein *Liquiditätsrisiko* kann für das Kreditinstitut entstehen, wenn der Kreditnehmer mit seinen Zins- und Tilgungsraten in Verzug gerät (Terminrisiko). Obwohl Kreditinstitute wegen ihrer vergleichsweise guten Möglichkeiten, sich Liquidität zu beschaffen (z. B. über Geldmarkt), dieses Risiko meist auffangen, können sich daraus negative Wirkungen auf die Rentabilität ergeben. Ferner kann der erwartete Ertrag aus einem Kreditgeschäft auch dadurch gefährdet werden, dass bei fest vereinbarten Kreditzinssätzen durch Verteuerung der Refinanzierung die Zinsspanne sinkt. Dieses

Risiko lässt sich durch kongruente Refinanzierung oder Überwälzung auf den Kreditnehmer (Zinsgleitklausel, Vorfälligkeitsgebühr/-entgelt) begrenzen.

c) Gleiches gilt für das *Währungsrisiko,* das bei Währungskrediten zum Tragen kommt, wenn am Fälligkeitstag für den Umtausch des Fremdwährungsbetrags in die eigene Währung ungünstigere Kurse zugrunde liegen als erwartet.

5. *Einzelrisiken und Gesamtrisiko:* Jedes Kreditgeschäft kann durch mehrere Faktoren negativ beeinflusst werden. Diese Risikoursachen können einzeln oder in einer bestimmten Kombination zu einem teilweisen oder völligen Kreditausfall führen. Es liegt daher nahe, auf Kreditrisiken einen Portfolioansatz anzuwenden, der die Korrelationen der Verlustrisiken aus den einzelnen Krediten berücksichtigt. Solch eine portfoliooorientierte Betrachtungsweise der Kreditrisiken hat sich inzwischen etabliert.

Kreditrisiko aus Lieferungen und Leistungen

Die Kreditrisiken sind für den Warenkreditgeber wegen der im Vergleich mit Banken schwierigeren Informationsbeschaffung und der schlechten Sicherheitsposition größer als bei Kreditinstituten. Er muss deshalb besonders auf die Streuung von Risiken achten, um nicht durch Insolvenz der Kunden selbst in Mitleidenschaft gezogen zu werden.

Instrumente der Risikominimierung:

a) Versicherung der Debitoren über eine Kreditversicherung;

b) Einräumung von Kreditlimiten für einzelne Abnehmer und deren strenge Überwachung;

c) Factoring;

d) Forfaitierung. In die Limitberechnung gehen ein:

(1) die derzeitige (oder mögliche) durchschnittliche Warenabnahme des Kunden,

(2) das gewährte Zahlungsziel,

(3) die Kreditwürdigkeit des Kunden (Nachfrage bei Auskunfteien und Banken),

(4) eventuell gestellte Sicherheiten und

(5) Höchstdeckungsgrenze der Warenkreditversicherung.

Kreditsicherheiten

1. *Begriff:* Vermögensgegenstände (Sachen und Rechte), die den Gläubiger gegen das Ausfallrisiko aus einer Kreditgewährung absichern sollen. Auf Sicherheiten bestehen Kreditinstitute vor allem im mittel- und langfristigen Bereich, weil dort der Verlass auf die weiter bestehende Kreditwürdigkeit (Bonität) des Kreditnehmers angesichts der nicht vorsehbaren künftigen wirtschaftlichen Entwicklungen oft nicht gegeben und daher die Gewährung eines Blankokredites mit nicht vertretbaren Risiken verbunden ist.

2. *Arten:*

(1) Nach der Art des Sicherungsgegenstandes: Personensicherheiten, Sachsicherheiten;

(2) im Hinblick auf die Abhängigkeit von der zu sichernden Forderung: Akzessorische Kreditsicherheiten, nicht akzessorische (abstrakte) Kreditsicherheiten. Vgl. Abbildung „Kreditsicherheiten – Arten".

3. *Qualität:* Bei Personensicherheiten bildet das gesamte der Zwangsvollstreckung unterliegende Vermögen (abzüglich der Schulden) des Sicherungsgebers die Vermögens- und damit Sicherungsgrundlage. Bei Sachsicherheiten entscheidet der zu ermittelnde Wert des Sicherungsgegenstandes. Die Werthaltigkeit soll während der Laufzeit des Kredites erhalten bleiben. Die Qualität der Bewertung erweist sich regelmäßig im Insolvenzverfahren. Personensicherheiten versagen im Insolvenzverfahren des Sicherheitengebers, weil sie nur eine einfache Insolvenzforderung darstellen, während die Sachsicherheiten ein bevorzugtes Recht in Form der Absonderung gemäß §§ 49 ff. InsO gewähren.

4. *Ersatzsicherheiten:* Als Ersatzsicherheiten haben sich Patronatserklärungen, Organschaftserklärungen sowie Negativ-Erklärungen und Posi-

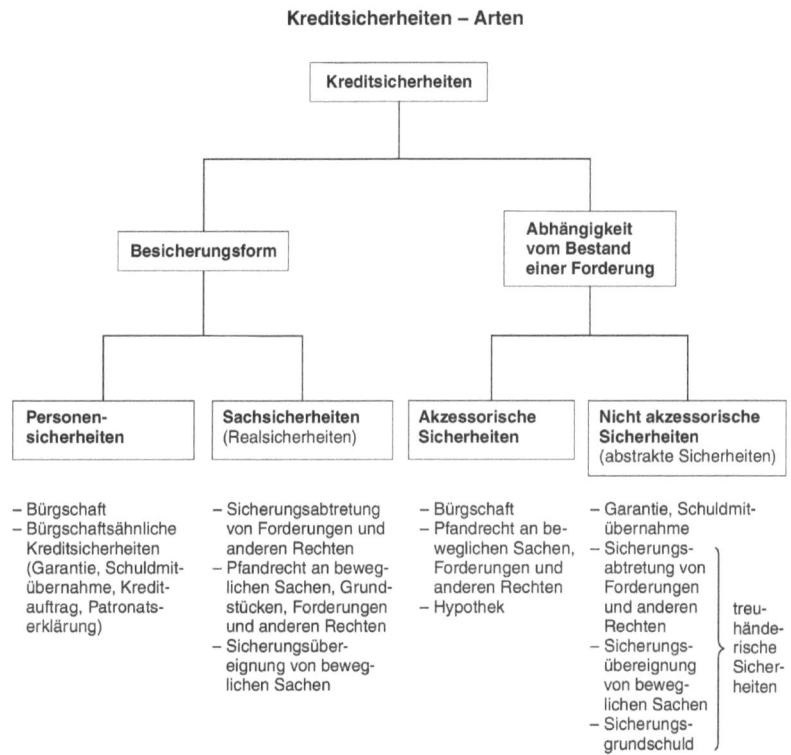

Kreditsicherheiten – Arten

tiverklärungen, der Kommanditrevers und das Zurücktreten mit Forderungen herausgebildet.

5. *Überwachung:* Abhängig von der Art der Kreditsicherheit wird das Kreditinstitut im Rahmen der Kreditüberwachung von Zeit zu Zeit untersuchen, ob die Sicherheit noch vorhanden und in gutem Zustand ist, und deren Wert überprüfen.

6. *Verwertung:* Bei Insolvenz eines Kreditnehmers und Abwicklung seines Kreditengagements wird die Gläubigerbank die ihr zur Verfügung stehenden Sicherheiten schnellst- und bestmöglich verwerten, um den Ausfall an Kapital und Zinsen niedrig zu halten. Die Methode und die Schwierigkeit der Verwertung sind von der Art der Sicherheit abhängig.

Kreditsicherheiten

7. *Maßnahmen der Kreditsicherung:*

**Kreditsicherheit –
Maßnahmen der Kreditsicherung**

- **Kreditsicherung**
  - **Kreditprüfung**
    Prüfung der
    – Kreditfähigkeit
    – Kreditwürdigkeit
    – angebotenen Sicherheiten
    des den Antrag stellenden Kreditnehmers
  - **Kreditstreuung**
    Verteilung der Kredite
    auf unterschiedliche
    – Kunden
    – Branchen
    – Kreditarten
    – Laufzeiten
  - **Kreditlimitierung**
    Festsetzung von Kredithöchstbeträgen für
    – einzelne Kunden
    – Kreditarten
    – Geschäftssparten
  - **Kreditbesicherung**
    Vereinbarung von Sicherungsrechten
    für den Fall der
    – vollständigen
    oder
    – teilweisen nicht vertragsgemäßen
    Erfüllung des Kreditvertrages
  - **Kreditüberwachung**
    Überwachung von
    – Zinszahlungen
    – Tilgungen
    – Kreditlimiten
    – Sicherheiten
    – Kreditwürdigkeit

a) *Kreditprüfung:* Prüfung der Kreditfähigkeit, der Kreditwürdigkeit des antragstellenden Kreditnehmers und der angebotenen Sicherheiten.

b) *Kreditstreuung:* Verteilung der Kredite auf unterschiedliche Kunden, Branchen, Kreditarten, Laufzeiten.

c) *Kreditlimitierung:* Festsetzung von Kredithöchstbeträgen für einzelne Kunden, Kreditarten, Geschäftssparten.

d) *Kreditbesicherung:* Vereinbarung von Sicherungsrechten für den Fall der vollständigen oder teilweisen nicht vertragsmäßigen Erfüllung des Kreditvertrages.

e) *Kreditüberwachung:* Überwachung von Zinszahlungen, Tilgungen, Kreditlimits, Sicherheiten, der künftigen Entwicklung der Kreditwürdigkeit des Schuldners.

Vgl. Abbildung „Kreditsicherheit – Maßnahmen der Kreditsicherung".

Kreditsicherung

Hingabe von Vermögenswerten oder Rechten daran als Sicherung des Gläubigers vor Verlusten aus gewährten Krediten.

Möglichkeiten der Kreditsicherung:

(1) Belastung von Grundstücken durch Eintragung von Hypotheken oder Grundschulden in das Grundbuch;

(2) Sicherungsübereignung oder Sicherungszession von Mobilien, besonders des Warenlagers;

(3) Verpfändung bzw. Beleihung von sonstigen Vermögenswerten, z. B. Lombardierung von Wertpapieren;

(4) Bürgschaftsübernahme durch Dritte oder andere Verpflichtungserklärungen, z. B. Negativ- oder Positiverklärungen;

(5) Eigentumsvorbehalt bei Lieferung von Waren auf Ziel.

Kreditüberwachung

Laufende Beobachtung, Beurteilung und Auswertung von Kreditrisiken. Die Kreditüberwachung in einer Bank hat eine Informations- sowie eine Sicherungsfunktion. Sie muss sicherstellen, dass negative Entwicklungen von Kreditengagements rechtzeitig erkannt werden. Durch entsprechende Aktivitäten (Krisen-, Sanierungsmanagement) soll das Kreditrisiko dann wieder in den Normalbereich zurückgeführt werden, ansonsten ist die Abwicklung des Engagements erforderlich.

Kreditunterlagen

Der Bank müssen zur Entscheidung über einen Kreditantrag die Bilanzen der letzten drei Jahre nebst Gewinn- und Verlustrechnungen (GuV) und Anhang vorliegen sowie gegebenenfalls der Lagebericht. Zum laufenden Geschäftsjahr ist die Einreichung von Zwischenzahlen und der Unternehmensplanung wünschenswert oder sogar erforderlich. Bei einer Neuverbindung müssen (bei eingetragenen Firmen) Handelsregisterauszug und bei Gesellschaften die aktuelle Fassung des Gesellschaftsvertrages präsentiert werden.

Kreditunterlagen

Bei Übernahme der persönlichen Haftung von Inhabern, Gesellschaftern, Geschäftsführern benötigt die Bank eine aktuelle Aufstellung des Privatvermögens und der privaten Schulden; sowie zur Klärung der steuerlichen Situation Steuerbescheide, besonders zur Einkommensteuer. Sofern das Privatvermögen persönlich haftender Personen Immobilienvermögen beinhaltet, sind Objektunterlagen (Taxe oder technische Unterlagen, Lichtbilder, Ertragsrechnungen, Grundbuchauszüge, gegebenenfalls auch Miet- oder Darlehensverträge) für die Bank von Interesse. Geldvermögen kann durch Konto- oder Depotauszüge nachgewiesen werden. Der letzte Betriebsprüfungsbericht des Finanzamtes kann ebenfalls für die Kreditbeurteilung wichtig sein.

Soll im Rahmen einer zu beantragenden Kreditgewährung ein bisher dem Kreditinstitut unbekanntes Objekt beliehen werden, dann sollten folgende Unterlagen eingereicht werden:

(1) Grundbuchauszug, wenn das Objekt bereits Eigentum ist, sonst Kaufvertrag, zumindest im Entwurf,

(2) Taxe, wenn noch nicht vorhanden: technische Unterlagen,

(3) Zeichnungen, wenn es sich um ein Bauvorhaben handelt,

(4) Lichtbilder bei fertigem Objekt,

(5) technische Unterlagen, Baugenehmigung bei Bauvorhaben,

(6) Lageplan/Katastermaterial,

(7) Baukostenaufstellung, nur bei unfertigen Bauvorhaben,

(8) Gebäude-Versicherungspolice und

(9) Gebrauchsabnahmeschein, soweit vorhanden und erforderlich.

Wichtig ist, dass den Unterlagen ein Inhaltsverzeichnis vorgeheftet ist, alle Blätter durchnummeriert sind und möglichst auf jedem Blatt der Kreditnehmername erkennbar ist. Letzteres ist besonders dann bedeutsam, wenn die Blätter nicht gebunden sind.

Kreditverbriefung

Asset Securitization, wertpapiermäßige Verbriefung von Kreditforderungen, die damit handelbar gemacht werden und am Kapitalmarkt platziert werden können. Grundsätzlich sind für eine Verbriefung alle Forderungen geeignet, die regelmäßige Rückflüsse (Cash-Flow) aufweisen: Unternehmenskredite, Immobilienkredite, Autokredite, Kreditkartenschulden und viele mehr. Die so besicherten Wertpapiere werden als Asset Backed Securities (ABS) bezeichnet, also durch Vermögen (asset) besicherte (backed) Wertpapiere (securities).

Die Grundstruktur: Zunächst verkauft ein Gläubiger, der Originator (das sind z. B. Banken oder Kreditkartenorganisationen) ein Pool verschiedener Kreditforderungen an eine für diesen Zweck gegründete Gesellschaft (Special Purpose Vehicle – SPV). Diese Zweckgesellschaft emittiert Wertpapiere oder stellt Schuldscheindarlehen aus und platziert diese am Kapitalmarkt. Die Wertpapiere sind durch die Zahlungsansprüche aus den Krediten besichert. Die Güte der Wertpapiere hängt damit maßgeblich von der Güte der verkauften Kreditforderungen ab. Da die Investoren zumeist die Qualität nicht beurteilen können, wird eine Rating-Agentur mit der Beurteilung der Risiken der ABS beauftragt. Die ursprünglichen Kreditbeziehungen zwischen den Kreditgebern und Kreditnehmern werden nicht geändert, häufig wissen die Kreditnehmer nicht einmal von der Weitergabe. Die Zins- und Tilgungsleistungen der Wertpapiere werden im Wesentlichen aus den Zahlungsrückflüssen der Kredite getätigt. Mit dem Inkasso der Forderungen und aller damit verbundenen Verwaltungstätigkeiten wird ein Service-Agent beauftragt. Darüber hinaus wird ein Treuhänder (Trustee) eingeschaltet, häufig eine Wirtschaftsprüfungsgesellschaft, dem im Interesse der Investoren Kontrollrechte eingeräumt werden.

Vorteile solcher ABS-Transaktionen sind für den Forderungsverkäufer (Originator) vor allem die Beschaffung von liquiden Mitteln, die bei Forderungen bester Bonität zumeist sehr günstig ist, und die Verbesserung der Bilanzkennzahlen wie z. B. die Eigenkapitalquote. Für Kreditinstitute besteht ein weiterer Vorteil darin, dass die verkauften Forderungen nicht mehr mit Eigenmitteln unterlegt werden müssen, was der Gesetzgeber für risikobehaftende Geschäfte fordert (Teil 2 und Teil 3 der CRR). Dadurch entsteht ein Spielraum für die Vergabe neuer Kredite. Für Investoren sind ABS-Anlageformen vorteilhaft, bieten sie ihnen die Möglichkeit, an der breiten Streuung von Forderungen teilzuhaben und ein gutes Rendite-Risikoverhältnis zu realisieren.

ABS-Transaktionen sind seit Anfang der 1990er-Jahre auch in Deutschland verbreitet. Da spezielle ABS-Finanzierungen in den USA und der massenhafte Forderungsausfall von Immobilienkrediten als Auslöser für die Finanzmarktkrise 2008 gesehen werden, brach der Markt für die Kreditverbriefung danach erheblich ein. Mittlerweile wurden die Verbriefungsregelungen für Kreditinstitute verschärft und für mögliche Risikorückbehalte aus dem Forderungsverkauf eine Anrechnung auf das haftende Eigenkapital vorgenommen.

Kreditvertrag

1. *Rechtsgrundlagen und Rechtsnatur:* Zwischen Kreditvertrag und Darlehensvertrag besteht kein rechtlicher Unterschied, denn alle Arten von Geldkrediten sind als Darlehen zu qualifizieren und unterliegen den §§ 488 ff. BGB. Das BGB verwendet nur den Begriff „Darlehensvertrag". Da diese Vorschriften überwiegend nicht zwingend sind, werden Kreditverträge oft durch Allgemeine Geschäftsbedingungen (AGB) und einschlägige Formulare (Formularverträge) näher ausgestaltet. Ein Konsumentenkredit unterfällt unter Umständen den Schutzvorschriften des Verbraucherdarlehens (§§ 491–498 BGB) und anderer Finanzierungshilfen (Abzahlungsgeschäft, finanziertes Abzahlungsgeschäft). Soll ein Kredit gesichert werden, wird (besonders bei nicht akzessorischen Kreditsicherheiten bzw. treuhänderischen Sicherheiten) der Kreditvertrag durch eine Sicherungsabrede (Zweckerklärung) oder einen Sicherungsvertrag ergänzt.

2. *Abschluss:* Bereits die Aufnahme von Verhandlungen über einen Kreditvertrag begründet zwischen den Beteiligten ein geschäftsähnliches Schuldverhältnis (§ 311 II, III BGB). Der Abschluss eines Kreditvertrags erfordert eine Einigung über alle Regelungen einer Kündigung, die Kreditkosten, die Besicherung, den Gerichtsstand sowie die Einbeziehung der AGB. Oft wird ein Schuldschein ausgestellt, der kein Wertpapier, aber eine wichtige Beweisurkunde ist.

3. *Rechte und Pflichten der Beteiligten:* Der Kreditgeber ist verpflichtet, dem Kreditnehmer den Kredit vereinbarungsgemäß für die festgelegte Laufzeit zur Verfügung zu stellen. Ein Widerruf des Darlehensversprechens ist zulässig, wenn in den Vermögensverhältnissen des Kreditnehmers eine wesentliche Verschlechterung eintritt, durch die der Anspruch auf die Rückerstattung gefährdet wird (§ 490 I BGB). Wesentliche Pflichten des Kreditnehmers sind die Zahlung der Kreditzinsen und die Rückführung des Kredits; Letzteres ist freilich rechtlich keine Hauptpflicht im Gegenseitigkeitsverhältnis. Dem Kreditnehmer obliegen bestimmte Nebenleistungen. Bei Krediten für Privatkunden (Privatkundengeschäft) ist die SCHUFA-Klausel, bei Geschäftskunden (im Firmenkundengeschäft) die Negativerklärung bedeutsam. Eine Säumnis des Kreditnehmers bei der Zahlung von Zinsen oder Annuitäten löst nur dann die sofortige Fälligkeit ausstehender Beträge aus, wenn der Kreditvertrag dies vorsieht (Verfallklausel; Schuldnerverzug).

4. *Beendigung:* Ein Kreditvertrag mit fester Laufzeit endet grundsätzlich durch Zeitablauf, ansonsten ist eine Kündigung erforderlich (§ 488 III BGB). Ein zeitlich befristeter Kredit kann nach § 314 BGB auch innerhalb der Laufzeit aus außerordentlichem („wichtigem") Grund gekündigt werden (Kreditkündigung).

5. *Mängel des Kreditvertrags:* Wie bei jedem Rechtsgeschäft können sich Mängel vor allem aus fehlender oder beschränkter Geschäftsfähigkeit, Fehlern im Hinblick auf die Stellvertretung oder eine behördliche Genehmigung sowie aus einer wirksamen Anfechtung ergeben. Zu beachten ist ferner, dass ein Verstoß gegen das Wucherverbot zur Nichtigkeit des Kreditvertrags führt (§ 138 II BGB). Alle Kreditarten mit Ausnahme des Kontokorrentkredits unterliegen dem Verbot des Zinseszinses (§ 248 I BGB), welches auch Umgehungsgeschäfte erfasst, wie vor allem die Abrede, künftiger Zins solle dem Kapital zugeschlagen werden.

Hingegen berühren Verletzungen der §§ 13 ff. KWG (Großkredit, Millionenkredit, Organkredit) nach ihrem Schutzzweck nicht das Außenverhältnis zwischen Kreditinstitut und Kreditnehmer; sie führen daher nicht die Unwirksamkeit des Kreditvertrags herbei. Ebenso wenig bewirken Verstöße gegen die gesetzlich vorgeschriebenen Angaben des (anfänglichen) jährlichen Effektivzinses nach der Preisangabenverordnung und nach dem Verbraucherkreditgesetz die Nichtigkeit des Kreditvertrags.

6. *Sonderregelungen* gelten für den Verbraucherdarlehensvertrag zwischen Unternehmer als Darlehensgeber und Verbraucher als Darlehensnehmer (§§ 491 ff. BGB).

Kreditwürdigkeit

Bonität; Maßstab für die Beurteilung der Fähigkeit eines potenziellen privaten oder institutionellen Kreditnehmers, für einen zur Verfügung gestellten Kredit vereinbarungsgemäß Zinsen und Tilgung leisten zu können. Die Kreditwürdigkeit ist abhängig von den persönlichen Verhältnissen sowie von den gegenwärtigen und zu erwartenden zukünftigen Einkommens- und Vermögensverhältnissen eines Kreditnehmers. Diese werden im Rahmen der Kreditwürdigkeitsprüfung vor der Kreditvergabe überprüft.

Kreditwürdigkeitsprüfung

I. Allgemein

Analyse der persönlichen und wirtschaftlichen Verhältnisse eines potenziellen Kreditnehmers zur Abschätzung des mit einer Kreditvergabe verbundenen Risikos. Das Ergebnis der Kreditwürdigkeitsprüfung dient als Entscheidungsgrundlage für die Gewährung beauftragter bzw. die Belassung eingeräumter Kredite.

II. Kreditwürdigkeitsprüfung im Firmenkundengeschäft

1. *Begriff:* Prüfung der wirtschaftlichen und finanziellen Verhältnisse des Firmenkunden seitens der Bank mit dem Ziel der Risikoeinschätzung des Kreditengagements.

Grundidee: Die wirtschaftliche Situation des Kreditnehmers soll gewährleisten, dass gewährte oder neu zu gewährende Kredite störungsfrei bis zum Ablauf der Kreditbefristung entsprechend den Vereinbarungen zurückgezahlt werden können.

2. *Grundlagen:* Beurteilung des Managements, Gliederung und Analyse von mindestens drei aufeinander folgenden Jahresabschlüssen und aktu-

ellen Zwischenzahlen, zukunftsorientierte Untersuchung der Branchensituation, Prüfung der vorgelegten kurz- und mittelfristigen Unternehmenspläne auf Plausibilität, Bewertung der privaten Vermögenssituation (besonders bei Einzelunternehmen und Personenhandelsgesellschaften oder bei vorliegenden Gesellschafterbürgschaften).

3. *Verfahren:*

a) Die Beurteilung des Managements kann nicht schematisch oder statistisch erfolgen. Auf dem Prüfstand stehen Alter, Belastbarkeit, Gesundheit, fachliche Kompetenz sowie persönliche Integrität der Inhaber oder Geschäftsführer des Kundenunternehmens und die bisher im Verlauf der Geschäftsverbindung gemachten Erfahrungen. Wichtig sind auch Betriebsklima im Unternehmen (häufige Fluktuation, sogar von Führungskräften), reibungslose organisatorische Abläufe, besonders auch im Rechnungswesen und Controlling. Eventuelle Nachfolgeprobleme müssen vor allem bei auf die Unternehmerpersönlichkeit abgestellten Unternehmen frühzeitig geregelt sein.

b) Die vorgelegten Jahresabschlüsse, Zwischenzahlen und Pläne werden hinsichtlich positiver oder negativer Veränderungen untersucht, um ein möglichst wahrscheinliches Abbild der voraussichtlichen Entwicklung des Kreditkunden in den nächsten Jahren zu projizieren.

Hauptkriterien: Rentabilität, Kapitalverhältnisse, Liquidität.

Dabei muss die Entwicklung des Unternehmens mit der Entwicklung der Branche abgeglichen werden. Weiterhin ist von Wichtigkeit: Welche anderen Kreditinstitute stehen mit Krediten blanko oder gegen (welche?) Sicherheiten zur Verfügung?

c) In Vermögensaufstellungen aufgeführte Werte sind bei Immobilien anhand von Wertgutachten und Eigenbesichtigung, bei Guthaben und Wertpapieren anhand von Kontoauszügen oder Depotauszügen zu verifizieren. Durch Grundbucheinsicht ist zu prüfen, ob die eingesetzten Verpflichtungen korrekt angegeben sein können.

III. Kreditwürdigkeitsprüfung im Privatkundengeschäft

1. *Begriff:* Prüfung der Vermögens- und nachhaltigen Einkommensverhältnisse des Privatkunden seitens der Bank mit dem Ziel der Risikoeinschät-

zung des Kreditengagements. Die wirtschaftliche Situation des Kreditnehmers soll sicherstellen, dass gewährte oder neu zu gewährende Kredite störungsfrei bis zum Ablauf der Kreditbefristung entsprechend den Vereinbarungen zurückgezahlt werden können.

2. *Grundlagen:* Prüfung aktueller Einkommens- und Vermögensunterlagen, der persönlichen Zuverlässigkeit, des Arbeitsplatzrisikos, der Verwendung des beantragten/ der bestehenden Kredite. Wichtig sind auch die bisher mit dem Kunden gemachten Erfahrungen.

3. *Verfahren:* Die Kreditinstitute haben Formulare „Selbstauskunft" entwickelt, in denen alle relevanten persönlichen und Einkommens- und Vermögensdaten abgefragt werden. Einkommen sind durch Gehaltsabrechnungen oder andere Bescheinigungen, Vermögen durch Grundbuchauszüge, Konto- und Depotauszüge nachzuweisen. Dem nachhaltigen (durchschnittlichen) Nettomonatseinkommen werden die laufenden Ausgaben (Mieten, Hypothekenzahlungen, Unterhalt, Versicherungen, Kfz-Kosten, sonstige laufenden Kosten) sowie die für den beantragten Kredit zu zahlende Rate gegenübergestellt.

Danach muss zumindest der pfändungsfreie Betrag des Familieneinkommens (das Existenzminimum) zum Lebensunterhalt verbleiben. Die persönlichen und Einkommensdaten werden zusätzlich im Rahmen eines Kreditscoring-Systems statistisch erfasst und ausgewertet. Die erreichte Scoringzahl stellt im Kreditgenehmigungsverfahren eine zusätzliche Entscheidungshilfe dar. Über das bisherige Zahlungsverhalten werden routinemäßig Auskünfte eingeholt (SCHUFA-Auskunft).

Kündigungshypothek

Hypothek, die nach fristgerechter Kündigung rückzahlbar ist (§ 1141 BGB). Der *Gegensatz* ist die Tilgungshypothek.

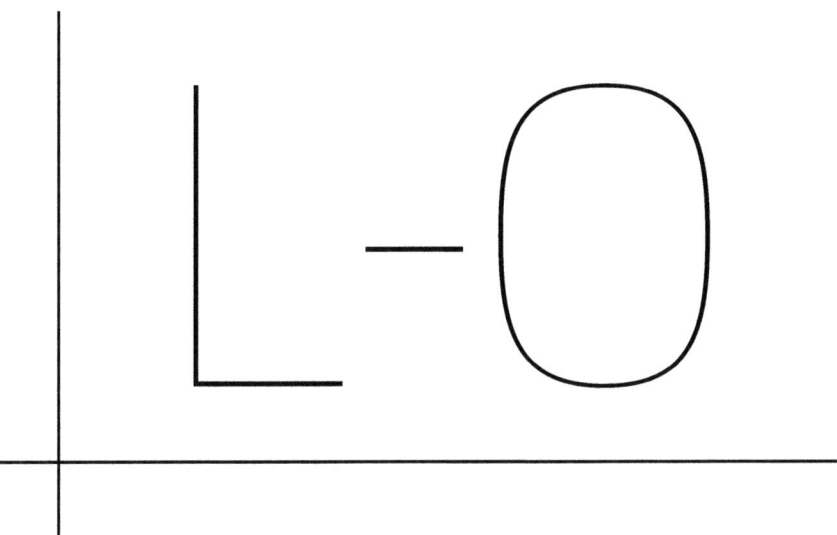

Länderrisiko

Auf einzelne Länder bezogenes, durch Krisensituationen hervorgerufenes Kredit- und Marktrisiko, das in der Gefahr des teilweisen oder vollständigen Ausfalls vertraglich vereinbarter Zins- und Tilgungszahlungen von Marktleistungsnehmern des Landes und des Wertverfalls von Wertpapieren oder Derivaten, die von Marktparametern des Landes abhängen, besteht. Vor allem ist hierbei das Risiko einer staatlichen Reglementierung des grenzüberschreitenden Zahlungs- und Kreditrisikos einbezogen (Transferrisiko). Kreditrisiko und Marktrisiko werden üblicherweise analysiert unter der Annahme normaler Marktbedingungen. Normale Marktbedingungen verschwinden jedoch im Fall von Finanzmarktkrisen. Jede der obigen Risikokategorien ist deshalb zu ergänzen, was zu einer Reihe weiterer Risikokategorien führt. Diese können als Ereignisrisiken bezeichnet werden und sind länderspezifisch auszuwerten. Unter dem Begriff Länderrisiko fasst man die *kredit- und marktbezogenen Ereignisrisiken* zusammen und analysiert, wie sie den verschiedenen Transaktionen mit den jeweiligen Ländern zuzuordnen sind. Der Analyse können unterschiedliche Arten von Finanzmarktkrisen zugrunde gelegt werden. Üblicherweise denkt man an Krisen, die durch die besonderen wirtschaftlichen und/oder politischen Gegebenheiten eines Landes bedingt sind und in dem betroffenen Land den grenzüberschreitend abzuleistenden Schuldendienst der Gesamtheit aller Schuldner beeinträchtigen.

Kreditbezogene Ereignisrisiken sind vor allem das Transferrisiko und das Kreditereignisrisiko. Unter dem *Transferrisiko* versteht man das Risiko, dass es in dem betrachteten Land im Verlauf der Krise zu einer weit gehenden Behinderung des internationalen Zahlungsverkehrs (oder der Konvertibilität der Länderwährung) kommt, z. B. durch Maßnahmen der Regierung des von der Krise betroffenen Landes (politisches Risiko). In ausländischer Währung denominierte Zins- und Tilgungszahlungen können daneben auch durch einen extremen Wechselkursverfall beeinträchtigt werden. Dem Transferrisiko hinzuzurechnen ist außerdem das Risiko, dass es im Verlauf der Krise zu einem Umschuldungsabkommen zwischen der Regierung des betroffenen Landes und den internationalen Gläubigern kommt, durch das sich der Gegenwartswert der ausstehenden Schuld (gegenüber dem ursprünglichen, vor der Krise erwarteten Gegenwartswert) bei allen beteiligten internationalen Gläubigern reduziert. Unter dem *Kreditereignisrisiko* versteht man das Risiko, dass sich infolge der Krise die wirtschaftlichen Bedingungen derart verschlechtern, dass es in dem betroffenen Land (oder auch in weiteren Ländern) zu einer Erhöhung der Ausfallwahrscheinlichkeiten der Schuldner (und/oder zu einer Erhöhung der Verlustraten im Schadenfall) kommt.

Marktbezogene Ereignisrisiken betrachten den potenziellen Wertverfall von Handelsportfolios unter Berücksichtigung von Prognosen über Aktienpreise, Währungskurse und Zinsen des betroffenen Landes.

In der Regel versuchen Banken, ihr Länderrisiko dadurch zu begrenzen, dass sie für ihre Auslandsaktiva länder- und geschäftsbereichspezifische Länderlimite aufstellen, wobei sie sich von Länder-Ratings leiten lassen.

Londoner Club

Umschuldungsverhandlungen mit überschuldeten Staaten vollziehen sich auf zwei Ebenen: Sofern es sich bei den Gläubigern um staatliche Institutionen handelt, werden Umschuldungen im Pariser Club in Zusammenarbeit mit dem Internationalen Währungsfonds (IWF) verhandelt. Private Gläubiger, vorrangig Banken, arbeiten dagegen im Londoner Club zusammen, bilden aber auch spezielle Konsortien.

Marge

1. *Allgemein:* Differenz zwischen Kursen, An- und Verkaufspreisen, Soll- und Habenzinsfüßen, vorgegebenen Ober- und Untergrenzen und Ähnlichem.

2. Im *Kreditgeschäft:* Häufig Bezeichnung des Aufschlags auf einen Referenzzinssatz, z. B. LIBOR (Kreditmarge), aber auch allgemein die Differenz zwischen Kreditzins und Refinanzierungszins.

Metakredit

Kreditgeschäft, das von zwei oder mehr Kreditinstituten (Metisten) gemeinsam (konsortialiter) abgewickelt wird. Die Anteile, die die einzelnen Metisten zeichnen, müssen nicht gleich hoch sein. Gewinne und Verluste bzw. Aufwendungen und Erträge aus dem Metakredit werden entsprechend der Anteile auf die Partner verteilt. Wird der Schuldner darüber informiert, dass die Kreditinstitute das Kreditgeschäft gemeinschaftlich abwickeln, spricht man von einem offenen Metakredit. Tritt dagegen nur das konsortialführende Kreditinstitut dem Schuldner gegenüber in Erscheinung, handelt es sich um einen verdeckten Metakredit.

Metist
Vertragspartner im Metageschäft.

Mezzanine Debt
Mezzanine Debt ist eine Ausprägung des Mezzanine-Kapitals im Rahmen der Mezzanine-Finanzierung, die mehr dem Fremdkapital als dem Eigenkapital nahesteht. Typische Instrumente zur Bereitstellung von Mezzanine Debt sind stille Beteiligungen, partiarische Darlehen, Gesellschafterdarlehen, nachrangige Darlehen sowie Genussrechte und High-Yield-Anleihen. Bei größeren Transaktionsvolumina wird Mezzanine Debt in der Regel weiter in Junior Subordinated Debt und Senior Subordinated Debt unterteilt. Im Fall einer Liquidation wird Senior Subordinated Debt gegenüber Junior Subordinated Debt bevorzugt bedient.

Mezzanine-Finanzierung
1. *Begriff*: Finanzierung mit Hybridkapital. Sie bezieht ihre Position zwischen dem stimmberechtigten Eigenkapital und dem erstrangigen Fremdkapital. Eine Mezzanine-Finanzierung enthält sowohl Eigenschaften der Eigen- wie auch der Fremdfinanzierung. Sie hat ihren Ursprung bei der Finanzierung von Management Buyouts (MBO) und wird auch bei Wachstumskapitalfinanzierungen und zur Finanzierung von Akquisitionsstrategien eingesetzt.

2. *Merkmale*: Der Begriff „Mezzanine" (wörtlich: „Zwischengeschoss") deutet darauf hin, dass es sich um eine Finanzierungsform handelt, die zwischen dem voll haftenden Eigenkapital und einem in der Regel dinglich besicherten erstrangigen Darlehen steht. Zur Vergütung des damit verbundenen höheren Risikos partizipiert der Mezzanine-Geber häufig zu-

sätzlich zu einer festen Verzinsung des Darlehens am Wertzuwachs des Unternehmens z. B. mit einer Kaufoption auf einen definierten Anteil am Grundkapital des kreditnehmenden Unternehmens (Equity-Kicker).

3. *Formen:* In der Praxis ist eine Vielzahl von Gestaltungen der Mezzanine-Finanzierung anzutreffen, die sich z. B. in der Form von typisch oder atypisch stillen Beteiligungen, Genussscheinen oder Wandel-/Optionsanleihen konkretisieren. Abhängig von der Form und der Ausgestaltung werden Mezzanine-Finanzierungsinstrumente bilanziell entweder dem Eigenkapital oder dem Fremdkapital zugerechnet.

4. *Anbieter:* Inzwischen haben sich in Deutschland neben den spezialisierten Structured-Finance-Abteilungen der Großbanken auch bankenunabhängige Mezzanine-Geber etabliert, auf die vor allem im Rahmen komplexer Finanzierungen – z. B. bei der Durchführung von MBOs – zurückgegriffen wird.

Millionenkredit

1. *Begriff:* Verschuldung eines Kreditnehmers bei einem Kreditinstitut, die 1 Mio. Euro oder mehr beträgt.

2. *Anzeigepflicht:* Nach § 14 KWG in Verbindung mit § 15 GroMiKV haben die Kreditinstitute, Finanzdienstleistungsinstitute, Finanzunternehmen, Versicherungsunternehmen und Unternehmensbeteiligungsgesellschaften der Deutschen Bundesbank (Evidenzzentrale) zum 15. der Monate Januar, April, Juli und Oktober Namen oder Firma und Verschuldung derjenigen Kreditnehmer anzuzeigen, die bei ihnen zu irgendeinem Zeitpunkt im Referenzzeitraum Millionenkredite in Anspruch genommen haben. Bei Gemeinschaftskrediten besteht für alle beteiligten Kreditgeber eine eigene Anzeigepflicht, auch dann, wenn der Anteil des einzelnen Kreditgebers unter 1 Mio. Euro liegt. Gestellte Sicherheiten sowie Guthaben des Kreditnehmers bleiben bei der Ermittlung der Gesamtverschuldung außer Betracht. Ergibt sich, dass dem Kreditnehmer von mehreren Kreditinstituten Millionenkredite gewährt worden sind, so hat die Bundesbank die beteiligten Kreditinstitute zu benachrichtigen und dabei die Gesamtverschuldung des Kreditnehmers und die Anzahl (aber nicht die Namen) der beteiligten Kreditinstitute anzugeben. Zu melden sind gemäß § 19 KWG

Bilanzaktiva, Derivate mit Ausnahme der Stillhalterverpflichtungen aus Kaufoptionen sowie die dafür übernommenen Gewährleistungen und andere außerbilanzielle Geschäfte. Nicht zu meldende Ausnahmetatbestände regelt der § 20 KWG.

Modifikationsschein

Tilgungsschein anstelle eines abhanden gekommenen Schuldscheins, der nicht nur die Rückzahlung eines Darlehens, sondern darüber hinaus bescheinigt, dass der abhanden gekomme Schuldschein ungültig sein soll.

Nachdeckungspflicht

Pflicht zur Nachlieferung weiterer Pfandobjekte, um die aufgrund von Kursrückgängen verringerte Deckungsmarge eines durch Wertpapierverpfändung gesicherten Kredits wiederherzustellen (Pfandrecht, Lombardkredit).

Nachsichtwechsel

Wechsel, der eine bestimmte Zeitspanne nach Sicht (d.h. nach Vorlage beim Bezogenen) fällig ist (Art. 33 I und Art. 35 I WG). Andere Wechselarten gemäß Wechselgesetz sind der Sichtwechsel, der Datowechsel und der Tagwechsel.

Negativ-Erklärung

Negative Pledge; Verpflichtungserkärung des Kreditnehmers für die Laufzeit des Kredits, für andere gegenwärtige oder zukünftige Kreditverbindlichkeiten keine Sicherheiten zu bestellen; in der Regel verbunden mit einer Pari Passu Clause.

Negoziierungskredit

1. *Begriff:* Im Auslandsgeschäft übliche Finanzierungsform, bei der von Dokumenten begleitete Tratten (gezogener Wechsel) auf der Grundlage von Ziehungsermächtigungen angekauft werden.

2. *Arten:*

(1) Kreditgewährung (Bevorschussung) an Exporteure auf Grundlage vorgelegter Exportdokumente und in Verbindung mit Dokumenteninkassi;

(2) Kreditgewährung (Bevorschussung) an Exporteure auf Grundlage vorgelegter Exportdokumente und in Verbindung mit Dokumentenakkreditiven, die zugunsten der Exporteure eröffnet sind.

(3) Kreditgewährung (Bevorschussung) an Exporteure auf Grundlage vorgelegter Exportdokumente und in Verbindung mit Ziehungsermächtigungen.

Netting

1. *Allgemein:* Verrechnung gegenläufiger Zahlungsbewegungen, um Anzahl und Volumen von Zahlungsbewegungen innerhalb von nationalen oder multinationalen Konzernen zu verringern (Cash-Management-Systeme).

2. *Verrechnung von Zinszahlungen:* Interest Netting.

3. *Verrechnung von sich aufhebenden Positionen* bei Swapgeschäften, Futures-Kontrakten und Optionen an Terminbörsen.

4. *Netting von Währungspositionen:* Wird eingesetzt, um gegensätzliche Währungsrisiken gleicher Fälligkeit miteinander aufzurechnen und nur die verbleibende Nettoposition kurszusichern. Hierdurch lässt sich das risikobehaftete Fremdwährungsvolumen und damit vermeintlich das Währungsrisiko reduzieren.

5. *Netting durch Novation:* Das Ersetzen zweier bestehender Kontrakte zwischen zwei Parteien über die Lieferung von Beträgen in einer bestimmten Währung an einem bestimmten Tag durch einen einzigen Kontrakt, durch den die ursprünglichen Kontrakte erfüllt werden und damit erlöschen. Das Netting kann in verschiedenen Formen ausgestaltet sein:

a) bilaterales Netting durch Novation: Netting zwischen nur zwei Parteien (z. B. FXNET),

b) multilaterales Netting durch Novation und

c) Substitution: Netting zwischen mehr als zwei Parteien (eine dritte Partei tritt als Gläubiger bzw. Schuldner in die Kontrakte zwischen zwei Parteien ein).

Eine rechtlich weniger klar ausgestaltete Form des Netting stellt die Positionenaufrechnung dar.

Nettozins

Reines Entgelt für die Gewährung von Kredit, also ohne Risikoprämie und Verwaltungskosten, entspricht den Refinanzierungskosten einer Bank.

Notenausgabe

Notenprivileg; ausschließliche Befugnis der Zentralbank zur Ausgabe von Banknoten. Seit dem 1.1.1999 steht der Europäischen Zentralbank (EZB) das ausschließliche Recht zu, die Ausgabe von Banknoten innerhalb des Euro-Währungsgebietes (Eurosystem) zu genehmigen. Die EZB ist darüber hinaus nach Art. 128 AEUV im Rahmen der Europäischen Wirtschafts- und Währungsunion neben den nationalen Zentralbanken zur Ausgabe von Banknoten berechtigt. Die Notenausgabe in der Bundesrepublik Deutschland hat nach § 14 BBankG die Deutsche Bundesbank. Das Emissionsrecht für Münzen (Münzregal) liegt, anders als bei den Banknoten, bei den Regierungen der Euro-Länder beim Bund. In Deutschland lässt das Bundesministerium der Finanzen die Euro-Münzen herstellen. Die Bundesbank bringt sie dann in den Umlauf. Von 1948 bis 1957 hatte die Bank deutscher Länder die Notenausgabe (und bis 1950 auch das Emissionsrecht für Münzen).

Notifikation

1. Im Wechsel- und Scheckrecht die Benachrichtigungspflicht.

2. Im Realkreditgeschäft die Mitteilung, dass ein Darlehen genehmigt wurde und ausgezahlt werden kann.

Obligo

Im allgemeinen Sprachgebrauch Begriff für Haftung, Verbindlichkeiten, Gewähr. Im Finanzwesen wird der Begriff für die gesamten Zahlungsverpflichtungen eines Unternehmens verwendet. Im Wechselgeschäft kann ein Indossant mit dem Zusatz „ohne obligo" beim Indossament die Haftung gegenüber nachfolgenden Berechtigten (Indossatar) ausschließen. Unter Wechselobligo wird der Gesamtbetrag der Wechselverpflichtungen eines Kunden gegenüber einem Kreditinstitut verstanden. Kreditinstitute, die Wechsel ankaufen, führen ihrerseits ein Obligobuch, in dem alle eingereichten Wechsel erfasst werden.

Obligobuch

Ein in der Wechselabteilung geführtes Buch, in dem für jeden Diskontkunden die jeweiligen Wechsel erfasst werden. Das Obligobuch umfasst ein Einreicher- und Bezogenenobligo, um so die Wechselverpflichtungen der Kunden zu überwachen (heute kein Buch mehr, sondern EDV-mäßig erfasst).

Offenlegungspflicht

Bilanzeinsichtspflicht.

1. Offenlegungspflicht für *Kreditinstitute:* Gemäß § 18 KWG obliegende Verpflichtung. Bei Einräumung von Krediten über insgesamt mehr als 750.000 Euro oder 10 Prozent der anrechenbaren Eigenmittel (Art. 4 Abs. 1 Nr. 71 CRR) muss das Kreditinstitut von dem Kreditnehmer Offenlegung seiner wirtschaftlichen Verhältnisse, vor allem durch Vorlage der Jahresabschlüsse, verlangen. Das Kreditinstitut kann hiervon absehen, wenn das Verlangen nach Offenlegung im Hinblick auf die gestellten Sicherheiten offensichtlich unbegründet wäre.

2. Offenlegungspflicht für *Kapitalgesellschaften und Personengesellschaften im Sinne des § 264 a HGB:* Verpflichtung, den Jahresabschluss und weitere Unterlagen unternehmensgrößenabhängig beim Betreiber des elektronischen Bundesanzeigers, der Bundesanzeiger Verlagsgesellschaft mbH Köln einzureichen, von wo sie an das elektronisch geführte Unternehmensregister weitergeleitet werden. Weiterhin regelt das Aufsichtsrecht im Teil 8 der CRR die Offenlegungspflichen der Institute, wobei Kreditinstitute einen Offenlegungsbericht anzufertigen haben.

Ohne Gewähr

Handelsklausel, die besagt, dass der Verkäufer oder Versender nicht für Qualität, Versendungstermin und andere Vertragsvereinbarungen garantiert.

Beim *Wechsel:* Angstklausel.

Ohne Rückgriff

Vermerk auf Wechseln, durch den die Haftung für Zahlung ausgeschlossen werden soll; gilt nach deutschem Recht als nicht geschrieben (Art. 9 II WG), da der Aussteller die Haftung für Zahlung nicht ausschließen kann.

Der *Indossant* kann sich dagegen von der Haftung für Zahlung und Annahme befreien (Art. 15 I WG; Angstklausel).

Onlinekredite

Über eine Internetplattform können sich Privatpersonen, Selbständige und Freiberufler bei Privatpersonen, die auf der Suche nach Anlagemöglichkeiten für ihr Vermögen sind, Geld leihen. Die Kreditvergabe erfolgt im offenen Bieterverfahren. Kommt eine Kreditvergabe zu Stande, wird eine Gebühr für Anleger sowie für die Darlehensnehmer fällig, die abhängig ist von der Höhe der Kreditsumme. Diese Form der Kreditvergabe wird als Crowdlending bezeichnet.

Beim Onlinebankkredit schließt der Kreditnehmer einen Kreditvertrag mit einem Kreditinstitut über das Internet ab. Vorteile bietet die Onlinekreditaufnahme dadurch, dass die Konditionen der von den verschiedenen Kreditinstituten angebotenen Kredite schnell verglichen werden können bzw. der potenzielle Kreditnehmer auf der spezialisierten Finanzseite nach Eingabe seiner Kreditvorstellung sofort eine Übersicht über die Banken mit den günstigsten Konditionen erhält. Stellt der Kreditnehmer einen Kreditantrag, erteilt die ausgewählte Bank i. d. R. zunächst eine vorläufige Kreditzusage und nachdem der Kunde seine Identität über das Post-Ident-Verfahren nachgewiesen und die notwendigen Unterlagen eingereicht hat, erfolgt die endgültige Kreditzusage. Handelt es sich beim Kreditnehmer um einen Verbraucher im Sinne des § 13 BGB, so finden die Regelungen zum Verbraucherdarlehensvertrag Anwendung, sowie die gesonderten Regelungen bei Fernabsatzverträgen (§ 312b BGB).

Optionsdarlehen

Mittelfristiger Investitionskredit mit Umschuldungsanspruch in ein Tilgungsdarlehen. Im Kreditvertrag wird z. B. zunächst eine Laufzeit des Optionsdarlehens von höchstens 48 Monaten mit regelmäßiger, fester Tilgung vorgesehen. Der Kreditnehmer kann das Optionsrecht ausnutzen und das Restdarlehen (höchstens die Hälfte des ursprünglichen Kreditbetrages) in ein Tilgungsdarlehen mit einer Tilgungsdauer von weiteren vier bis zehn Jahren bei Stellung entsprechender Sicherheiten umwandeln.

Dem Optionsdarlehen liegt die Überlegung zugrunde, dass die Tilgungsleistungen eines mittelfristigen Kredites nicht voll aus den verdienten Abschreibungen finanziert werden können. Mithilfe des Optionsdarlehens kann sich der Kreditnehmer überdies leichter einer sich verändernden Konjunktur anpassen.

Organkredite

1. *Darlehen einer AG* an Mitglieder des Vorstands, Prokuristen oder zum gesamten Geschäftsbetrieb ermächtigte Handlungsbevollmächtigte sowie deren Ehepartner und minderjährige Kinder. Organkredite bedürfen der Einwilligung des Aufsichtsrats (§ 89 AktG).

2. *Organkredite der Kredit- und Finanzdienstleistungsinstitute* umfassen außerdem besondere Darlehen an Geschäftsleiter des Instituts, Mitglieder des Aufsichtsorgans, an Prokuristen, sowie deren Ehegatten und minderjährige Kinder, an Unternehmen, mit denen eine gewisse personelle oder finanzielle Verflechtung besteht. Sie bedürfen im Allgemeinen des einstimmigen Beschlusses sämtlicher Geschäftsleiter und der ausdrücklichen (mehrheitlichen) Zustimmung des Aufsichtsorgans (§ 15 KWG).

Parallelkredit

Kredit, bestehend aus zwei oder mehr Krediten, die von verschiedenen Banken in eigenem Namen und für eigene Rechnung gewährt werden. Im Gegensatz dazu wird ein Metakredit gemeinsam abgewickelt.

Partiarisches Darlehen

1. *Begriff/Charakterisierung:* Langfristiges Darlehen an ein Unternehmen, bei dem der Gläubiger anstelle von Zinsen einen bestimmten Anteil vom Gewinn oder Umsatz erhält. Partiarische Darlehen ähneln der stillen Gesellschaft, Gläubiger und Schuldner sind aber nicht zu einer wirklichen Gesellschaft zusammengeschlossen. Da die Parteien den Vertrag beliebig gestalten und auch ein Überwachungsrecht des Gläubigers vereinbaren können, ist Abgrenzung im Einzelfall oft schwierig und nur anhand von Indizien zu treffen. Auswirkungen auf das partiarische Darlehen hatte das Kleinanlegerschutzgesetz, das am 10. Juni 2015 eingeführt wurde und nachdem grundsätzlich die Prospektpflicht gem. § 1 Abs. 2 VermAnlG für dieses langfristige Darlehen greift (Ausnahmen möglich gem. § 2a Abs. 1 VermAnlG).

2. *Einkommensteuerliche Behandlung:* Einnahmen aus partiarischen Darlehen sind im Rahmen der Einkünfte aus Kapitalvermögen anzusetzen (§ 20 EStG), wenn der Darlehensgeber nicht als Mitunternehmer anzusehen ist oder das partiarische Darlehen nicht zu einem Betriebsvermögen gehört.

3. Bei der *Körperschaftsteuer* werden die Zinszahlungen, die eine Kapitalgesellschaft auf ein partiarisches Darlehen eines Anteilseigners oder anderer Personen leistet, unter bestimmten Umständen nicht als Betriebsausgabe der Gesellschaft anerkannt, sondern nach der Regelung über Gesellschafterfremdfinanzierung in verdeckte Gewinnausschüttungen umgedeutet.

Pensionsgeschäfte

1. *Begriff:*

a) Offenmarktgeschäfte mit Rückkaufsvereinbarungen. Die Deutsche Bundesbank führte bis zum 31.12.1998 im Rahmen ihrer Geldpolitik Pensionsgeschäfte zur Feinsteuerung am Geldmarkt überwiegend mit lombardfähigen festverzinslichen Wertpapieren (Wertpapierpensionsgeschäfte), aber auch mit Wechseln und Devisen durch. Im Rahmen der EWWK gaben die hieran beteiligten Staaten zum 1.1.1999 ihre geldpolitische Souveränität zugunsten der Europäischen Zentralbank (EZB) auf.

b) Im Anschluss an Art. 12 I der Bankbilanzrichtlinie der EU in § 340b I HGB allgemein definiert als „Verträge, durch die ein Kreditinstitut oder der Kunde eines Kreditinstituts (Pensionsgeber) ihm gehörende Vermögensgegenstände einem anderen Kreditinstitut oder einem seiner Kunden (Pensionsnehmer) gegen Zahlung eines Betrags überträgt und in denen gleichzeitig vereinbart wird, dass die Vermögensgegenstände später gegen Entrichtung des empfangenen oder eines im Voraus vereinbarten anderen Betrags an den Pensionsgeber zurückübertragen werden müssen oder können". Nicht als Pensionsgeschäfte in diesem Sinn gelten Devisentermingeschäfte, Finanztermingeschäfte und ähnliche Geschäfte sowie die Ausgabe eigener Schuldverschreibungen auf abgekürzte Zeit (§ 340b VI HGB).

2. *Arten:*

a) Ein *echtes Pensionsgeschäft* liegt vor, wenn der Pensionsnehmer die Verpflichtung übernimmt, die Vermögensgegenstände zu einem bestimmten oder vom Pensionsgeber zu bestimmenden Zeitpunkt zurückzuübertragen (§ 340b II HGB).

b) Ein *unechtes Pensionsgeschäft* liegt vor, wenn der Pensionsnehmer lediglich berechtigt, aber nicht verpflichtet ist, die Vermögensgegenstände zu einem vorher bestimmten oder von ihm noch zu bestimmenden Zeitpunkt zurückzuübertragen (§ 340b III HGB).

3. *Bilanzierung:* Beim echten Pensionsgeschäft sind die übertragenen Vermögensgegenstände in der Bilanz des Pensionsgebers auszuweisen. Dieser hat in Höhe des für die Übertragung erhaltenen Betrags eine Verbindlichkeit gegenüber dem Pensionsnehmer auszuweisen. Der Pensionsnehmer darf die Vermögensgegenstände nicht bilanzieren; er hat in Höhe des für die Übertragung gezahlten Betrags eine Forderung an den Pensionsgeber auszuweisen (§ 340b IV HGB). Bei einem unechten Pensionsgeschäft sind die Vermögensgegenstände nicht vom Pensionsgeber, sondern vom Pensionsnehmer zu bilanzieren (§ 340b V HGB).

Personalkredit

1. *Begriff:* Nach dem Kriterium der Art der Sicherung vom Realkredit oder Kommunalkredit zu unterscheidender Bankkredit.

2. *Formen:*

a) *Ungedeckter Personalkredit,* der ohne besondere vereinbarte Sicherungen *(Blanko-Kredite)* lediglich im Vertrauen auf die wirtschaftliche Leistungsfähigkeit und Vertrauenswürdigkeit des Schuldners gewährt wird;

b) *gedeckter Personalkredit* gegen Grundpfandrechte, Pfandrechte an Wertpapieren, Edelmetallen, Münzen und Wechseln, Sicherungsübereignung von Waren, unter anderem Mobilien, Forderungszession, Bürgschaft oder Mithaftung. Die Sicherheitenwerte bei den gedeckten Personalkrediten reichen in der Regel nicht aus, um die volle Kreditsumme abzusichern. Es entstehen Blankoanteile.

Pfandschein

1. *Pfandkredit:* Dem Darlehensnehmer über das Pfand ausgestellte Bescheinigung; gegen Rückgabe des Pfandscheins und Rückzahlung des Darlehens nebst Zinsen wird das Pfand wieder ausgehändigt. Der Pfandschein ist ein Legitimationspapier.

2. *Lombardgeschäft:* Dem Verpfänder ausgehändigter Pfandschein, in dem alle Zahlungen des Schuldners, Veränderungen des Pfandes etc. vermerkt werden. Nach Erledigung des Geschäfts erfolgt Rückgabe des quittierten Pfandscheins.

Portfolio

Bezeichnung in der Kapitalmarkttheorie für den Bestand an Wertpapieren eines Investors.

Privatdiskonten

Erstklassige Bankakzepte, die bis Ende 1991 an der Frankfurter Wertpapierbörse gehandelt wurden. Privatdiskonten konnten nur von zum Privatdiskontmarkt zugelassenen Akzeptbanken begeben werden und wurden zu einem Vorzugszinssatz, dem Privatdiskont, von der Privatdiskont- AG angekauft. Sie wurden für die Finanzierung von Außenhandelsgeschäften eingesetzt. Die Deutsche Bundesbank kaufte im Rahmen ihrer Offenmarktpolitik bis zum 31.12.1991 Privatdiskonten an. Nachdem die Deutsche Bundesbank den Ankauf eingestellt hatte, kam der Handel mit Privatdiskonten zum Erliegen. Heute werden keine Privatdiskonten mehr begeben, die Privatdiskont-AG hat ihre Geschäftstätigkeit eingestellt.

Produktivkredit

Kredit an erwerbswirtschaftliche Unternehmen, vor allem Investitionskredite (Anlagekredit) und Betriebsmittelkredite. Der *Gegensatz* ist der Konsumentenkredit.

Projektfinanzierung

1. *Begriff*: Spezielle Form der Finanzierung für großvolumige Investitionsvorhaben, bei der die Rückzahlung der aufgenommenen Finanzierungsmittel allein aus den zukünftig zu erwirtschaftenden Erträgen erfolgen soll. Finanziert werden auf diese Weise vor allem nationale und internationale Großprojekte wie Kraftwerke, Infrastrukturvorhaben, chemische Anlagen, Staudämme, Raffinerien oder Pipelines, bei denen verschiedene Projektbeteiligte gemeinsam das Investitionsvorhaben verwirklichen. Projektfinanzierungen werden dann eingesetzt, wenn klassische Unternehmensfinanzierungen nicht möglich sind (z. B. aufgrund schwieriger ökonomischer oder politischer Bedingungen, geringer Mittel oder Budgets der Projektinteressenten, bilanzieller Situation der Projektträger). Zur Verwirklichung der Projekte wird üblicherweise eine rechtlich und wirtschaftlich selbstständige Projektgesellschaft gegründet (SPC – Special Purpose Company) und die Geschäftsführung einer Betreibergesellschaft übertragen. Das Eigenkapital dieser Gesellschaft wird von sogenannten Sponsoren bereitgestellt (zumeist institutionelle Investoren); Fremdmittel werden von der Projektgesellschaft selbst aufgenommen.

2. *Merkmale*:

a) Cash Flow related Lending: Sämtliche Verpflichtungen (Betriebskosten, Zinsen und Tilgung) der Projektgesellschaft werden ausschließlich aus dem zukünftigen Free Cash Flow erfüllt (Differenz aus den ein- und ausgehenden Zahlungsströmen unter Berücksichtigung von Ersatzinvestitionen). Die Kreditvergabe basiert damit vornehmlich auf dem Nachweis der technischen und wirtschaftlichen Tragfähigkeit des Projektes. Mangels dinglicher Sicherheiten werden den Kreditgebern (Lenders) spezielle Rechte eingeräumt wie z. B. Eintrittsrechte in Verträge, Mitwirkungsrechte in der Geschäftsführung und Überwachung der Leistungen der Projektgesellschaft.

b) Off Balance Sheet-Finanzierung: Da die Projektträger (Sponsoren) in der Regel nicht zur Bilanzkonsolidierung verpflichtet sind, sind Projektfinanzierungen aus ihrer Sicht bilanzneutral, aufgenommene Kredite werden nur bei der Projektgesellschaft selbst bilanziert und verschlechtern damit nicht ihre Finanzkennzahlen bzw. Bonität. Die Haftung der Sponsoren bezieht sich auf die Kapitaleinlage und die dem Projekt zugehörigen Vermögensgegenstände (non recourse). Meistens werden jedoch zusätzliche betraglich begrenzte Verpflichtungen übernommen, z. B. in Form von Garantien oder Nachschussverpflichtungen (limited recourse). Darüber hinaus erfolgt kein Rückgriff auf das Vermögen des Sponsors.

c) Risk Sharing: Die Risiken des Projekts werden auf die verschiedenen Projektbeteiligten verteilt (Sponsoren, Lieferanten, Betreiber, Abnehmer, Kreditgeber, Projektgesellschaft, Versicherungsunternehmen). Für Exportlieferungen und grenzüberschreitende Leistungen werden zur Risikoabsicherung häufig Exportkredit- und Investitionsversicherungen abgeschlossen. Je nachdem gibt es auch Garantien des Staates oder von supranationalen Organisationen (Weltbankgruppe, Europäische Investitionsbank).

Wegen des hohen Kapitalbedarfs erfolgt die Kreditvergabe zumeist über Bankenkonsortien unter Leitung eines Arrangeurs. Die Finanzierung ist dabei langfristig (15 Jahre und länger) abgestimmt auf die zu erwartenden Zahlungsströme. Die erwirtschafteten Überschüsse werden zunächst für die Aufrechterhaltung des Projekts verwendet, anschließend erfolgen die Zins- und Tilgungsleistungen an die Kreditgeber und zuletzt Ausschüttungen an die Eigenkapitalgeber (Wasserfallprinzip). Es werden hauptsächlich Bankkredite aufgenommen, dazu kommen Emissionen von Anleihen und Mittel aus staatlichen, europäischen und internationalen

Finanzierungsprogrammen. Zur finanziellen Entlastung öffentlicher Haushalte besteht bei öffentlichen Projekten die Möglichkeit, private Unternehmen zu beteiligen (Public Private Partnerships – PPP).

Prokuraindossament

1. *Begriff:* Wertpapierrechtliche Bevollmächtigung (Indossament) besonders bei Wechseln.

2. *Arten:*

a) *Offenes Prokuraindossament:* Indossament mit dem Zusatz „in Prokura", „in Vollmacht", „zum Inkasso", „Wert zum Einzug" oder einem anderen nur eine Bevollmächtigung ausdrückenden Vermerk. Der Prokuraindossatar wird nicht Inhaber der Wechselforderung, doch kann er alle Rechte aus dem Wechsel geltend machen, kann ihn aber nur durch Prokuraindossament übertragen; die Wechselverpflichteten können dem Inhaber in diesem Fall nur solche Einwendungen entgegensetzen, die ihnen gegen den Indossanten zustehen. Die im Prokuraindossament enthaltene Vollmacht erlischt weder durch Tod noch durch Eintritt der Handlungsunfähigkeit des Vollmachtgebers.

b) *Verdecktes Prokuraindossament (verstecktes Prokuraindossament, fiduziarisches Prokuraindossament):* Ein Vollindossament, das den Indossatar nach außen zum Wechselinhaber macht, im Innenverhältnis ist er aber nur Bevollmächtigter.

c) *Sonderform: Inkassoindossament;* Indossament mit dem Zusatz „zum Inkasso" oder „zur Einziehung", durch das die Bank mit der Einziehung des Wechselbetrages beauftragt wird. Das Inkassodossament ist häufig ein verdecktes Prokuraindossament. Von besonderer Bedeutung im Bankgeschäft.

Prolongation

1. *Begriff:* Stundung fälliger Leistungen oder Verlängerung der Kreditfrist.

2. *Arten:*

a) *Kredit-Prolongation:* Erfolgt meist auf Antrag des Kreditnehmers und durch schriftliche Bestätigung der Prolongation seitens der Bank, nachdem diese das Kreditengagement der üblichen Kreditwürdigkeitsprüfung unterzogen hat.

b) *Wechsel-Prolongation:* Verlängerung des Zahlungsziels eines Wechsels. Die Prolongation erfolgt durch Vereinbarung von Wechselinhaber und -schuldner in der Praxis durch Akzeptierung eines neuen vom Aussteller oder letzten Inhaber ausgestellten Wechsels durch den Wechselschuldner gegen Rückgabe des alten fälligen Wechsels; dabei wird der Wechselbetrag gegebenenfalls um Diskontspesen erhöht (falls diese nicht bar bezahlt werden) oder um eine Teilsumme (Teilprolongation) ermäßigt.

c) *Prolongation beim Termingeschäft:* Hinausschieben der Erfüllung auf späteren Termin, wenn die Erwartungen auf Steigen oder Fallen der Kurse nicht eingetreten sind, durch Vereinbarung zwischen beiden ursprünglichen Kontrahenten *(direkte Prolongation)* oder durch Einschalten eines Dritten *(indirekte Prolongation).*

Protest

Amtliche Beurkundung über die Zahlungsunfähigkeit des Bezogenen.

Arten:

a) Scheckprotest;

b) Wechselprotest.

Protestliste

Von Bankverbänden aufgestellte vertrauliche Liste mit den Namen der Bezogenen, die Wechsel zu Protest gehen ließen, nebst deren Anschrift sowie der Aussteller dieser Wechsel. Die Protestliste soll auf Kreditrisiken aufmerksam machen und wird deshalb in den Kreditinstituten sorgsam ausgewertet. In der Protestliste verzeichnete Bezogene sind als Wechselmitverpflichtete nicht akzeptabel.

Provision

Kreditprovision, Überziehungsprovision und Umsatzprovision. Jedes Entgelt, das Banken ihren Kunden für technisch-organisatorische Leistungen berechnen. Nicht zu den Provisionen gehören die Spesen; sie werden für besondere Leistungen individuell berechnet.

quer schreiben

Umgangssprachlich: einen Wechsel akzeptieren. Bei einem Wechsel unterschreibt der Bezogene links auf der Vorderseite des Wechsels quer zum Wechseltext. Mit der Unterschrift verpflichtet sich der Bezogene, bei Fälligkeit die geforderte Wechselsumme zu zahlen.

Ratenkredit

1. *Begriff:* Kredit, der als Darlehen in einer Summe zur Verfügung gestellt und durch Teilbeträge (Raten) zu tilgen ist. Er kommt als Konsumentenkredit, Teilzahlungsdarlehen, Verbraucherdarlehen vor, der an private Haushalte zur Finanzierung von Konsumgütern gewährt wird (Ratenkredit im engeren Sinne), und als Produktivkredit an Gewerbetreibende und Selbstständige zur Finanzierung von Investitionen (Gegenstände des Anlagevermögens). Der Begriff Ratenkredit wird häufig mit dem Teilzahlungskredit gleichgesetzt. Ein Teilzahlungskredit im ursprünglichen Sinn liegt bei einem finanzierten Abzahlungskauf vor.

2. *Abwicklung:* Ratenkredite werden von Banken und Sparkassen als standardisierte Kredite gewährt; sie können zweckgebunden oder zur freien Verfügung gewährt werden. Ihre Abwicklung erfolgt über Darlehenskonten (im Gegensatz zu Dispositionskrediten, die als Kontokorrentkredite über Kontokorrentkonten abgewickelt werden). Bei Gewährung an Privatpersonen wird ein regelmäßiges, gesichertes Einkommen vorausgesetzt sowie die Fähigkeit, die vereinbarten monatlichen Ratenzahlungen laufend erbringen zu können. Kredithöhe meistens bis 25.000 Euro, Laufzeit zwölf bis 72 Monate. Bei Gewährung von Ratenkrediten an Gewerbetreibende erfolgt die übliche Kreditwürdigkeitsanalyse.

3. *Berechnung der Kreditkosten:* Die Rate als gleichbleibende Monatsleistung enthält Zins-, Kosten- (Kreditgebühr, Restschuldversicherung, Vermittlungsgebühr unter anderem) und Tilgungsanteil.

(1) Entweder erfolgt die Zins-, Kosten- und Tilgungsverrechnung wie bei Darlehen unterjährig, zumeist monatlich auf den tatsächlich in Anspruch genommenen Saldo (Tilgungsverrechnungsklausel), oder

(2) die Zinsen werden bezogen auf den Anfangskreditbetrag in Prozent/Promille pro Monat abgerechnet.

4. *Sicherheiten:* Üblich sind: „stille Zession" des pfändbaren Teiles des Arbeitseinkommens, Mitverpflichtung des Ehepartners, Bürgschaften Dritter, Restschuld- oder Risikolebensversicherungen, in Ausnahmefällen aber auch sonstige Kreditsicherheiten.

Realkredit

Sachkredit.

1. *Begriff:*

a) *Im weiteren Sinne:* Kredit, der durch Sachwerte oder dingliche Rechte besichert ist.

b) *Im engeren Sinne:* Zweck- und objektgebundene Darlehen, die durch Grundpfandrechte oder Schiffspfandrechte gesichert sind und deren Verzinsung und Rückzahlung jederzeit, unabhängig von der Besonderheit des Kreditnehmers, durch das beliehene Grundstück, Schiff oder Schiffsbankwerte gewährleistet ist. Realkredite in der Form von Hypothekarkrediten müssen den Erfordernissen der §§ 14, 16 PfandBG entsprechen. Ein Realkredit liegt nach dem PfandBG dann vor, wenn bei Hypothekarkrediten die Beleihung die ersten drei Fünftel des Wertes eines Grundstücks (Beleihungswert) und der bei der Beleihung angenommene Wert den Verkaufswert (Verkehrswert) nicht übersteigt.

2. Die *Einengung des Realkreditbegriffs* auf Kredite, für die eine den Regelungen des Pfandbriefgesetzes entsprechende Sicherheit bestellt wurde, erfolgt durch § 21 III Nr. 1 KWG (Realkredit im bankaufsichtlichen Sinn).

3. Der *sparkassenrechtliche Realkreditbegriff* geht auf die entwicklungsgeschichtliche und geschäftspolitisch motivierte Unterscheidung des Kreditgeschäfts der Sparkassen in Realkredit, Personalkredite und Kommunalkredite zurück. Nach früheren satzungsrechtlichen Grundsätzen war

der Realkredit die langfristige Ausleihung von Geld gegen Bestellung bestimmter, je nach dem Beleihungsobjekt (unter Umständen nur zum Teil) zugelassener grundpfandrechtlicher Sicherheiten an Grundstücken, bestimmten grundstücksgleichen Rechten (Erbbaurecht, Wohnungseigentum, Teileigentum, Dauerwohnrecht) und an Schiffen oder Schiffsbauwerken, wobei Zins und Tilgung aus dem beliehenen Gegenstand (aus den Erträgen, aus dem Bauwert und Bodenwert oder Verkehrswert) gewährleistet sein mussten. Grundsätzlich gilt diese Definition auch heute noch. Novellierungen in den landesrechtlichen Vorschriften haben jedoch eine weit gehende Angleichung an den Realkreditbegriff des KWG gebracht.

Rediskont(ierung)

Weiterverkauf von Wechseln, die bereits von einem Kreditinstitut angekauft (diskontiert) wurden, an die Zentralbank.

Vor der Einrichtung der Europäischen Zentralbank (EZB) legte die Deutsche Bundesbank einen Diskontsatz fest, zu dem sie Wechsel ankaufte (rediskontierte), die Banken zuvor von ihren Kunden angekauft hatten. Die Wechsel mussten bestimmten Qualitätsanforderungen genügen. Seit dem 1.1.1999 sind die geldpolitischen Befugnisse auf die EZB übergegangen, deshalb kauft die Deutsche Bundesbank keine Wechsel mehr an. Auch die EZB setzt in ihrer Geldpolitik keine Rediskontgeschäfte ein. Mit dem Wegfall der Rediskontmöglichkeiten hat der Ankauf von Wechseln durch Kreditinstitute an Bedeutung verloren.

Referenzzinssatz

Für eine bestimmte Laufzeit gültiger und auf eine bestimmte Währung lautender repräsentativer Zinssatz am Geldmarkt, der sowohl für Anlagen als auch Kredite gilt. Seit 1.1.1999 gilt die European Interbank Offered Rate (EURIBOR) als Referenzzinssatz für die Mitgliedsstaaten der EU. Damit löste er zusammen mit dem EONIA nicht nur den FIBOR (Frankfurt Interbank Offered Rate) für Anlagen und Kredite am deutschen Geldmarkt, sondern auch alle anderen Zinssätze auf Währungen der jeweiligen Mitgliedsstaaten der Europäischen Währungsunion ab. Ebenfalls von Bedeutung ist der LIBOR (London Interbank Offered Rate), der für verschiedene

Währungen ermittelt wird. Im Fall des EURO wird er als Euro-LIBOR bezeichnet. Der Referenzzinssatz stellt eine Orientierung für wichtige übliche Fristigkeiten am Geldmarkt dar, der Zinssatz einzelner Geschäfte kann nach oben oder unten abweichen. Bedeutung erlangt er auch bei der Anpassung von Floating Rate Notes (FRN) bzw. Roll-over-Krediten.

Refinanzierungsrisiko

Gefahr, dass die Anschlussfinanzierung eines Aktivgeschäftes liquiditätsmäßig nicht sichergestellt werden kann. Bei Kreditinstituten ist das Refinanzierungsrisiko eine Frage der zwischen Aktiv- und Passivseite betriebenen Fristentransformation.

Reitwechsel

Wechsel, die Personen oder Unternehmen gegenseitig auf sich ziehen, um sich zusätzliche Geldmittel zu verschaffen. Wird ein Wechsel zur Einlösung fällig, werden zur Deckung wiederum neue Wechsel ausgestellt (Wechselreiterei). Reitwechsel sind reine Finanzwechsel, wird allerdings der Tatbestand eines Handelswechsels vorgetäuscht, handelt es sich um Betrug (§263 StGB).

Rektaklausel

Negative Orderklausel, nicht an Order; Klausel durch die der Aussteller die Indossierung von Wechseln und Namensschecks untersagen kann. Damit werden diese Papiere zu Rektapapieren, deren Übertragung nur noch durch Forderungsabtretung möglich ist.
Bei Namensaktien kann die Indossierung nicht durch Rektaklausel untersagt, aber durch Satzung an die Zustimmung der Gesellschaft gebunden werden (sogenannte vinkulierte Aktien).

Rektawechsel

Wechsel, der durch einen Zusatz (z.B. nicht an Order) zu einem Rektapapier gemacht wird (Rektaklausel). Der Wechsel, der als geborenes Orderpapier durch Indossament übertragen wird, kann durch diese negative Orderklausel nur noch durch Abtretung weitergegeben werden (Art. 11 II WG).

Retouren

Nicht eingelöste Wechsel *(Retourwechsel)*, Schecks *(Retourscheck)* und Lastschriften.

Revolving-Kredit

Kredit, der während eines bestimmten Zeitraums dem wirtschaftlichen Rhythmus des Kreditnehmers entsprechend getilgt und wieder in Anspruch genommen werden kann. Anwendung z. B. als Revolving-Akkreditiv im Rahmen von Dauergeschäften zwischen zwei Geschäftspartnern. Auch häufig anzutreffen bei Kreditkarten vor allem im angelsächsischen Raum.

Revolving-System

Besondere Form der Refinanzierung von langfristigen Schuldscheindarlehen. Kurzfristige Gelder werden von Finanzmaklern gesammelt und zur Verfügung gestellt. Wenn die Kreditgeber ihre Gelder zurückrufen, werden die entsprechenden Mittel durch neu hinzutretende Kapitalgeber ersetzt. Durch das laufende Wechseln von Kapitalgebern findet so die Fristentransformation zwischen den kurzfristigen Mitteln einerseits und dem langfristigen Darlehen andererseits statt. Der Finanzmakler trägt als vermittelnde Stelle das Transformationsrisiko und in der Regel auch das Zinsänderungsrisiko.

Nach § 1 I Nr. 7 KWG ist diese Geschäftsart ein *Bankgeschäft*.

Roll-over-Kredit

1. *Begriff/Kennzeichnung:* Der Roll-over-Kredit ist ein mittel- bis langfristiger Kredit mit spezieller Zinsvereinbarung. Der Zinssatz wird nicht für die gesamte Laufzeit festgelegt, sondern periodisch an den Markt-(Referenz-) zinssatz (z. B. EURIBOR, LIBOR) angepasst. Die Kreditlaufzeit wird in Zinsperioden (Roll-over-Perioden) untergliedert (Zeitspanne zumeist ein bis zwölf Monate); während dieses Zeitraums bleibt der Zinssatz konstant.

Nach Ablauf der Zinsperiode findet eine Anpassung für die nächste Zinsperiode statt. Das Risiko bzw. die Chance einer Zinsänderung trägt hier der Schuldner. Die Art der Zinsvereinbarung erleichtert dem Kreditgeber die Refinanzierung, da veränderte Geldmarktbedingungen durch die Zinsanpassung auf den Kreditnehmer überwälzt werden können. So ist auch bei langfristigen Krediten eine kurzfristige Refinanzierung möglich.

2. *Arten:* Bezüglich der vertraglichen Ausgestaltung existieren mehrere Varianten:

a) Vereinbarung eines festen Darlehensbetrags, der zu einem fixierten Zeitpunkt in einer Summe ausbezahlt wird.

b) Die Höhe der Inanspruchnahme durch den Kreditnehmer ist variabel, es wird lediglich ein Höchstbetrag vereinbArt. Auch bei vollständiger Rückzahlung bleibt das Vertragsverhältnis bestehen.

c) Für den Fall eines zusätzlichen unvorhergesehenen Finanzierungsbedarfs oder eventuell auftretender Kapitalmarktengpässe wird vorsorglich die Bereitstellung der erforderlichen Mittel vereinbart (Stand-by-Rollover-Kredit).

Rückbürge

Person, die sich einem Bürgen für den Fall, dass er aus der Bürgschaft in Anspruch genommen wird, für die Sicherheit des dem Bürgen vom Hauptschuldner zu leistenden Ersatzes verbürgt.

Rückwechsel

Wechsel, der von einem Rückgriffsberechtigten eines zu Protest gegangenen Wechsels auf einen seiner Vormänner (das sind alle Personen, an die der Wechsel durch Weitergabe jeweils indossiert wurde – Indossanten) gezogen wird. Dieser Rückwechsel muss auf Sicht lauten (Sichtwechsel) und am Wohnort dieses Vormanns zahlbar sein (Art. 52 I WG). Damit haftet dieser Vormann gegenüber dem Wechselgläubiger. Im Geschäftsverkehr der Kreditinstitute werden Retourwechsel (nicht eingelöste Wechsel) auch als Rückwechsel bezeichnet.

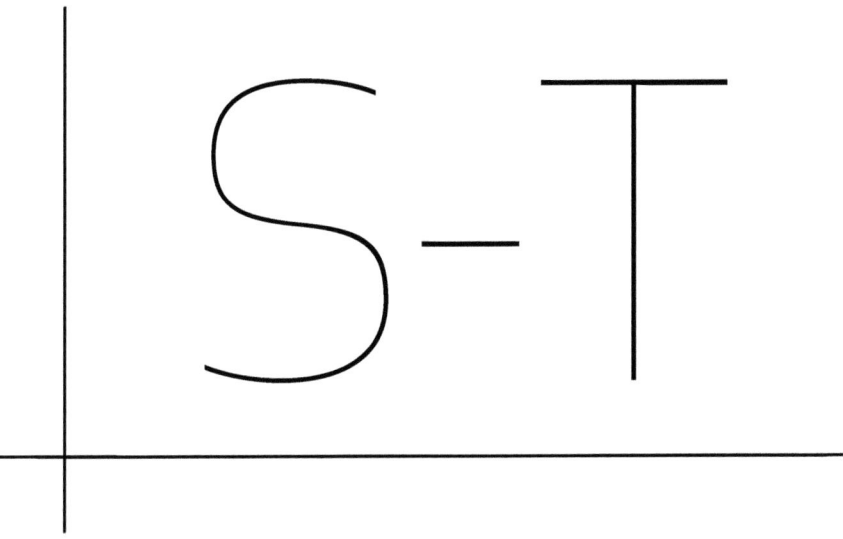

Saisonkredit

Form des Kontokorrentkredits, der zur Überbrückung der Zeitspanne zwischen Spitzenbedarf an Finanzierungsmitteln bei saisonbedingter Beschaffung bestimmter Produkte an saisonabhängige Unternehmen (z. B. Landwirtschaft, Spielwaren- oder Schmuckindustrie) gewährt wird. Der Saisonkredit ist ein sehr kurzfristiger Kredit und soll aus den Umsatzerlösen zurückgezahlt werden. (Self Liquidating Credit).

Scheck-Wechsel-Verfahren

Verfahren, bei dem der Aussteller und der Bezogene eines Wechsels vor einer Warenlieferung vereinbaren, dass der Bezogene den Wechsel bei seinem Kreditinstitut diskontieren lässt und den Gegenwert zur Bezahlung der Waren verwendet, zumeist unter Abzug von Skonto. Da die Bezahlung früher meist per Scheck erfolgte, wird dieses Vorgehen als Scheck-Wechsel-Verfahren bezeichnet. Der Aussteller des Wechsels, der dem Bezogenen Waren geliefert hat, erhält auf diese Weise schnell liquide Mittel. Für den Bezogenen bietet der Wechsel die Möglichkeit einer günstigen Refinanzierung. Darüber hinaus bietet dieses Verfahren dem Bezogenen einen Zahlungsaufschub, da die Rückzahlung des Diskontkredits meist zu einem späteren Zeitpunkt erfolgt als die übliche Zahlungsfrist zur Begleichung von Forderungen aus Warenlieferungen. Da bei diesem Vorgehen der Bezogene den Wechsel zur Refinanzierung verwendet und nicht wie üblich der Aussteller, wird der Wechsel auch als Umkehrwechsel bezeichnet.

Scheckprotest

Amtliche Urkunde, durch die festgestellt wird, dass ein Bezogener einen rechtzeitig vorgelegten Scheck nicht eingelöst oder die Zahlung verweigert hat. Voraussetzung für einen Rückgriff. Ein Scheckprotest ist selten. Stattdessen kann die Nichteinlösung eines Schecks auch durch einen Nicht- Bezahlt-Vermerk der bezogenen Bank oder eine entsprechende Erklärung der Abrechnungsstelle festgestellt werden (Art. 40 ScheckG).

Selbstauskunft

Im Bankwesen neben der Einholung von Fremdauskünften (z. B. SCHUFA) übliche persönliche Erklärung desjenigen, über den die Auskunft gesucht wird. Im *Kreditverkehr* häufig Formblatt als Auskunft des Kreditsuchenden an den Kreditgeber über seine persönlichen, rechtlichen und wirtschaftlichen Verhältnisse im Rahmen der Kreditwürdigkeitsprüfung. Die Selbstauskunft soll richtig und vollständig sein und bei Änderung der Verhältnisse berichtigt oder ergänzt werden.

Self Liquidating Credit

Kredit, der „sich selbst liquidiert". Der Kredit, der zum Einkauf von Waren dient, wird aus den Verkaufserlösen dieser Waren zurückgezahlt.

Senior Debt

Englische Bezeichnung für *vorrangiges Fremdkapital*, also Fremdkapital, das im Insolvenzfall als erstes zurückbezahlt wird. Im Rahmen der Mezzanine-Finanzierung handelt es sich bei Senior Debts um Fremdkapital, das dem erstrangigen Fremdkapital im Rang zwar nachgestellt ist, jedoch durch die Bestellung von Sicherheiten weniger risikoreich ist.

Share Deal

Beim Share Deal erfolgt der Unternehmenskauf durch den Erwerb von Anteilen der zum Verkauf stehenden Gesellschaft. Es handelt sich um einen Rechtskauf gemäß § 453 I BGB.

Sicherungsgrundschuld

Grundschuld, die als Sicherheit für einen gewährten Kredit bestellt wird. Weil die Handhabung beweglicher und weniger kompliziert ist als bei der Hypothek, findet die Grundschuld zur Besicherung von Bankkrediten meist Anwendung.

Mit dem Risikobegrenzungsgesetz vom 18.8.2008 (BGBl. I 1666) können Einreden, die dem Eigentümer aufgrund des Sicherungsvertrags mit dem bisherigen Gläubiger gegen die Grundschuld zustehen oder sich aus dem

Sicherungsvertrag ergeben, auch jedem Erwerber der Grundschuld entgegengesetzt werden. Die Gutgläubigkeit des Erwerbers ist unerheblich (§ 1192 Ia BGB). Trotz fehlender Akzessorietät hat sich die Sicherungsgrundschuld damit der Sicherungshypothek angenähert.

Sicherungshypothek

Streng akzessorische Hypothek, bei der das Recht des Gläubigers aus der Hypothek sich nur nach der zugrunde liegenden Forderung bestimmt und der Gläubiger sich zum Beweis der Forderung nicht auf die Eintragung im Grundbuch berufen kann. Die Hypothek muss im Grundbuch als Sicherungshypothek bezeichnet werden (§ 1184 II BGB).

Erteilung eines *Hypothekenbriefs* ist bei der Sicherungshypothek kraft Gesetzes ausgeschlossen (§ 1185 BGB).

Die Sicherungshypothek ist immer Arresthypothek bzw. Zwangshypothek.

Die Sicherungshypothek kann in eine gewöhnliche Hypothek *umgewandelt* werden und umgekehrt.

Besondere Formen: Die Sicherungshypothek für Inhaber- und Orderpapiere (§§ 1187-1188 BGB) wird zur Sicherstellung einer Forderung aus einer Anleihe, einem Wechsel oder einem anderen Papier verwendet, das durch Indossament übertragen werden kann (Höchstbetragshypothek).

Bedeutung: Im Kreditgeschäft wird die Sicherungshypothek mangels Verkehrsfähigkeit kaum als Sicherheit angewendet. Praktische Bedeutung besitzt sie, wenn sich der Gläubiger zur Sicherung seiner fälligen Forderung im Rahmen einer Zwangsvollstreckung eine Hypothek verschaffen will (Zwangshypothek, Arresthypothek), eine Vollstreckung kann nur erfolgen, wenn der Eigentümer dies duldet.

Sicherungsschein

1. Begriff: Dokument zur Bestätigung, dass für den Fall der Zahlungsunfähigkeit des Schuldners eine von diesem einem Dritten gegenüber zu erbringende Leistung versichert ist und dass die Versicherung des Schuldners gegenüber dessen Gläubigern haftet. Der Sicherungsschein dient also der Absicherung der Gläubiger.

2. Besonderheiten in der Kfz-Versicherung: In der Kfz-Versicherung wird ein Sicherungsschein bei geleasten Kraftfahrzeugen (Kfz) ausgestellt und bestätigt den Versicherungsumfang. Der Sicherungsschein dient insoweit dem Schutz des Kreditgebers bzw. des Leasinggebers, als diese berechtigt sind, Ansprüche gegen den Versicherer geltend zu machen. Der Sicherungsschein hat in der Kfz- Versicherung allerdings inzwischen an praktischer Bedeutung verloren.

Sicherungszweckerklärung

Zusatzvereinbarung zur Grundschuld, auch Zweckerklärung oder Sicherungsabrede genannt, die unter anderem folgende Regelungen beinhaltet:

(1) Bestimmung der Kredite, die besichert werden sollen;

(2) Unterhaltung, Versicherungs- und Besichtigungsrecht des Grundstücks.

Sichtwechsel

Wechsel, der bei Vorlage (bei Sicht) einzulösen ist (Art 34 I WG). Dies ist immer dann der Fall, wenn ein entsprechender Vermerk (bei Sicht oder auf Sicht) angebracht wurde oder die Angabe der Verfallzeit fehlt. Das Wechselgesetz sieht vier Möglichkeiten für die Angabe der Verfallzeit vor (Art 33 I WG):

a) auf Sicht (Sichtwechsel);

b) auf eine bestimmte Zeit nach Sicht (Nachsichtwechsel – z. B.: 14 Tage nach Sicht);

c) auf eine bestimmte Zeit nach der Ausstellung (Datowechsel – z. B.: 3 Monate dato);

d) auf einen bestimmten Tag (Tagwechsel).

Sichtwechsel werden insbesondere im Zusammenhang mit Bürgschaftskrediten ausgestellt. Falls der Hauptschuldner seinen Zahlungsverpflichtungen nicht nachkommt, wird der Wechsel dem Bürgen (Bezogener) vorgelegt, wodurch der Wechsel sofort zur Zahlung fällig wird.

Solawechsel

Eigener Wechsel, Eigenwechsel; Wechsel, bei dem sich der Wechselaussteller selbst zur Zahlung einer Geldsumme verpflichtet. Der *Gegensatz* ist der gezogene Wechsel (Tratte).

Status

I. Begriff

Rechnungsmäßige Gegenüberstellung des Vermögens und der Schulden mit dem Zweck, betriebswirtschaftlich bedeutsame Fragen zu prüfen und zu beantworten. Mit einem Überschuldungsstatus z. B. wird geprüft, ob das Vermögen eines Unternehmens noch die Schulden deckt oder eine Überschuldung vorliegt; ein Liquiditätsstatus prüft die Liquiditätssituation eines Unternehmens; ein Vergleichsstatus wird bei insolvent gewordenen Schuldnern erstellt als Voraussetzung für die Ermittlung der Insolvenzmasse. Ausgangspunkt der Aufstellung eines Status sind in der Regel die Daten der Buchführung bzw. der Bilanzierung.

II. Arten

Nach den Anlässen der Aufstellung lassen sich unterscheiden, z. B. Status für Sanierung, Insolvenzverfahren, Liquidation, Erbschaftsauseinandersetzung, Gesellschafterauseinandersetzung, Gewährung von Krediten, finanzielle Überwachung.

III. Aufstellung

Beginnt in der Regel mit einer kontenweisen Zusammenstellung der Vermögensgegenstände und Schulden auf der Grundlage der aktuellen Buchführung; diese werden in einem zweiten Schritt dem jeweiligen Zweck des Status entsprechend gliederungsmäßig zusammengefasst und bewertet.

IV. Kreditstatus

1. *Allgemeines:* Der Kreditstatus soll über Höhe, Zusammensetzung und Liquidierbarkeit des Vermögens, über Höhe und Zusammensetzung der Schulden, über bestehende Sicherheiten und frei verfügbare Teile des Vermögens und somit über die Möglichkeiten zur Schuldendeckung informieren.

2. *Gliederung:* Beherrschendes Gliederungsprinzip ist das der Fristigkeit und Fälligkeit des Eigenkapitals sowie des Fremdkapitals (Kapitalherkunft) und der Vermögensgegenstände (Kapitalverwendung).

3. *Bewertung:* Der Kreditstatus wird aus dem Jahresabschluss abgeleitet, wobei stille Reserven, soweit erkennbar, aufgelistet und Vermögens- und Schuldpositionen in der Regel unter der Prämisse des Going-Concern-Prinzips nach Stichtagswerten bewertet werden.

4. *Gewinn- und Verlustrechnung:* Die in den Kreditstatus gewöhnlich einbezogene Erfolgsrechnung soll Auskunft geben, ob das Unternehmen fähig ist, in ausreichendem Maße Überschüsse zu erzielen, die nach Abzug der Steuern für die Verzinsung und Tilgung bzw. Rückzahlung von Krediten unter anderem Schulden zur Verfügung stehen. Dementsprechend wird bei der Aufstellung einer in den Kreditstatus einbezogenen Gewinn- und Verlustrechnung das Prinzip einer adäquaten Gliederung (z. B. nach Ergebnisbereichen in ordentliches, Finanz- und außerordentliches Ergebnis) befolgt.

V. Finanzstatus

Weicht vom Kreditstatus insofern ab, als nur bestimmte, mit den Finanzströmen des Unternehmens zusammenhängende Aktiv- und Passivposten erfasst werden. Es kommt bei dem Finanzstatus im Wesentlichen auf die *Ermittlung des Liquiditätsüberschusses* (oder der -unterdeckung) durch Gegenüberstellung der vorhandenen Geldmittel zu den kurzfristig fälligen Verpflichtungen an.

Structured Finance

Umfasst alle fortgeschrittenen privaten und öffentlichen Lösungen zum effizienten Refinanzieren und Absichern wirtschaftlicher Aktivitäten, die über die konventionellen Formen (Kredit, Anleihe, Aktie) hinausgehen. Ziel ist die Senkung der Kapitalkosten, die Reduktion von Interessenkonflikten, Steueroptimierung sowie die Liquiditätssteuerung. Die entsprechenden Instrumente

(1) kombinieren traditionelle Finanzinstrumente mit Derivaten oder

(2) replizieren traditionelle Finanzinstrumente durch Synthetisierung.

Structured Finance kommt zum Zug, wenn traditionelle Finanzierungsformen zu teuer oder nicht erhältlich sind.

Strukturbeitrag

Fristentransformationsbeitrag; Kapitalbindungs- bzw. -überlassungsprämie, die am Geld- und Kapitalmarkt für Einlagen bzw. Kredite bestimmter Fristigkeit im Vergleich zum Satz für täglich fälliges Geld gezahlt wird. Der Strukturbeitrag resultiert damit aus der durchgeführten Fristentransformation.

Substanzwertmethode

Verfahren der Unternehmungsbewertung, bei der sich der Unternehmenswert aus den Ausgaben, die zur Reproduktion des zu bewertenden Unternehmens aufzuwenden sind, ergibt. Der auf diese Weise festgestellte Unternehmenswert wird daher auch als Reproduktionswert bezeichnet.

Es handelt sich hierbei um den Brutto-Unternehmenswert, von dem der Wert des Fremdkapitals abzuziehen ist, um zum Netto-Unternehmenswert zu gelangen. Im Rahmen der Substanzwertmethode sind der Vollreproduktionswert und der Teilreproduktionswert zu differenzieren. Während sich der Vollreproduktionswert aus dem vollständigen „Nachbau" eines Unternehmens mit gleichem Ertragspotential ableitet, sind im Teilreproduktionswert in erster Linie nur die bilanzierungsfähigen Teile des Anlage- und des Umlaufvermögens enthalten. Das bedeutet, dass bei dieser Variante der Substanzwertmethode der Geschäftswert bzw. der Goodwill unberücksichtigt bleibt.

Substitutionskredit

Sammelbezeichnung für die unterschiedlichen Ausprägungsformen der Kreditleihe.

Tagesgeld

1. *Bankbetriebslehre:* Übliche Kennzeichnung einer speziellen Form kurzfristiger Buchkredite, d. h. der verzinslichen Ausleihung von Zentralbankgeld unter Banken. Das Tagesgeld wird dabei der geldnehmenden Bank bis zum nächsten Tag zur Verfügung gestellt und ist dann zur Rückzahlung fällig.

Varianten der Handelsform des Tagesgeldes sind „Tagesgeld bis auf Weiteres" oder „tägliches Geld auf Abruf". Hier verlängert sich die Kreditlaufzeit automatisch um weitere 24 Stunden, wenn nicht eine Kündigung in den ersten Handelsstunden des Tages stattfindet.

2. *Geldpolitik:* Mit Tagesgeld werden kurzfristige Bereitstellungen von Liquidität durch die Zentralbank an die Banken über deren Zentralbankguthaben charakterisiert. Über das Instrumentarium der Fazilitätenpolitik kann die Europäische Zentralbank (EZB) dabei die Obergrenze des Tagesgeldmarktsatzes (diese entspricht dem Satz der Spitzenfinanzierungsfazilität) und die Untergrenze (diese entspricht dem Satz der Einlagenfazilität) abstecken, und so die Verhältnisse am Geldmarkt beeinflussen.

Tägliches Geld

Kurzfristiger Kredit von Banken untereinander zur Beschaffung von Liquidität, der täglich kündbar ist. Im Handel am Euro-Geldmarkt wird Geld mit täglicher Kündigungsfrist als *Call Money* bezeichnet.

Teilzahlung

Ratenzahlung, Abschlagszahlung, Zahlung des Teilbetrags der Schuld.

1. Die Teilzahlung wird rechtlich, sofern sie nicht vertraglich vorgesehen oder gestattet ist insbesondere bei Teilzahlungsgeschäften § 507 BGB wie jede andere Teilleistung behandelt. Sie braucht vom Gläubiger nicht entgegengenommen zu werden. Er kommt nicht in Annahmeverzug, da der Schuldner zu Teilleistungen nicht berechtigt ist (§ 266 BGB). Ist ein Darlehen auf Basis des Verbraucherdarlehensvertrages in Teilzahlungen zu tilgen, und ist der Darlehensnehmer mit Teilzahlungen in Zahlungsverzug, so gelten die Regelungen zur Gesamtfälligstellung bei Teilzahlungsdarlehen (§ 498 BGB).

2. Ausgenommen von dieser Regelung sind Werkverträge, da hierbei der Unternehmer von dem Besteller für die abgeschlossenen Teile des Werkes Abschlagszahlung für die erbrachten vertragsmäßigen Leistungen verlangen kann (§ 632a BGB), Wechsel oder Schecks, da hierbei der Inhaber keine Teilzahlung zurückweisen darf; der Bezogene darf die Quittierung der geleisteten Teilzahlung auf dem Wechsel verlangen; sowie Geldstrafen, die gemäß Gerichtsverfügung auch in Teilbeträgen geleistet werden dürfen (§ 42 StGB).

Teilzahlungsgeschäft

Vertrag zwischen einem Verbraucher und einem Unternehmer, der die Lieferung einer bestimmten Sache oder die Erbringung einer bestimmten anderen Leistung gegen Teilzahlungen zum Gegenstand hat (§ 507 BGB). Für Teilzahlungsgeschäfte gelten die besonderen Vorschriften für Verbraucherdarlehensverträge (§ 491–505e BGB). Hinsichtlich des Widerrufs ist für ein Teilzahlungsgeschäft der § 358 BGB relevant, nach dem, bei wirksamem Widerruf des Vertrages mit einem Unternehmer zur Erbringung einer Leistung oder zur Lieferung einer Ware der Verbraucher an den mit dem Abschluss verbundene Darlehensvertrag nicht mehr gebunden ist. Auf Teilzahlungsgeschäfte im Fernabsatz oder einem vergleichbaren elektronischen Medium ist der § 507 BGB anzuwenden. § 508 BGB regelt die Rücktrittsrechte des Unternehmers vom Teilzahlungsgeschäft, sofern ein Zahlungsverzug seitens des Verbrauchers eingetreten ist.

Terminrisiko

Liquiditätsrisiko, Gefahr einer ungeplanten Verlängerung der Kapitalbindungsdauer von Forderungen, weil Kapitaldienstleistungen verspätet erfolgen.

Tilgungshypothek

Annuitätenhypothek, Amortisationshypothek; Hypothek, bei der ein Schuldner gleichbleibende, aus Zinsen und Tilgungsbeträgen sich zusammensetzende (Jahres-)Leistungen (Annuitäten) in einem bestimmten Prozentsatz des ursprünglichen Kapitals bis zur vollständigen Tilgung zu entrichten hat. Da das Kapital (Restschuld) und damit auch die jährliche Zinsschuld immer kleiner wird, die Annuität jedoch konstant bleibt, wächst der Anteil der Tilgung an der Annuität ständig.

Tilgungsplan

Zahlenmäßige Darstellung des Rückzahlungsvorganges einer Schuld (z. B. Anleihe, Darlehen), die in Teilbeträgen (Tilgungsraten) zurückgezahlt wird.

Beispiel: Eine Anleihe von 1 Mio. Euro soll zu 4 Prozent verzinst und im Verlauf der nächsten fünf Jahre durch gleich große Ratenzahlungen getilgt werden.

Tilgungsplan (Beispiel)

Jahr	Restschuld am Anfang	Zinsen 4%	Tilgungsrate 20%	Annuität
1	1.000.000	40.000	200.000	240.000
2	800.000	32.000	200.000	232.000
3	600.000	24.000	200.000	224.000
4	400.000	16.000	200.000	216.000
5	200.000	8.000	200.000	208.000
		120.000	1.000.000	1.120.000

Tilgungsrate

Betrag, der zur Tilgung einer Schuld, die nicht auf einmal im Gesamtbetrag zurückgezahlt wird, fortlaufend innerhalb bestimmter Zeitabschnitte (jährlich, vierteljährlich, monatlich) an den Kreditgeber zu zahlen ist. Tilgungsrate und Zinsbetrag ergeben zusammen die *Annuität*.

Finanzplanung: Bei Aufstellung des Finanzplanes einer Unternehmung sind die im Planabschnitt fälligen Tilgungsraten zu berücksichtigen.

Tilgungsstreckung

Verlängerung der Laufzeit eines Kredits durch Reduzierung der Tilgung oder durch Gewährung eines zusätzlichen Darlehens (sogenanntes Streckungsdarlehen).

Trassierungskredit

Rembourskredit, bei dem der Exporteur auf die Bank des Importeurs einen Wechsel zieht.

Tratte

Gezogener Wechsel, der vom Bezogenen (noch) nicht akzeptiert wurde. Der Aussteller eines Wechsels (Trassant) zieht einen Wechsel auf den Namen einer Person, die bezahlen soll (Trassat). Solange der Trassat (Bezogener) noch nicht unterschrieben hat, wird dieser Wechsel als Tratte bezeichnet. Mit der Unterschrift (Akzept) erkennt der Trassat die Zahlungsaufforderung verbindlich an. Der Wechsel wird dann auch kurz als Akzept bezeichnet.

Treuhänder

1. *Begriff:* Natürliche oder juristische Person, der aufgrund von privatrechtlichen Verträgen oder gesetzlichen Bestimmungen Sachen oder Rechte mit der Maßgabe übertragen wurden, hierüber im Rahmen der Treuhandschaft zu verfügen.

2. *Persönliche Voraussetzungen:* Der Treuhänder muss vertrauenswürdig und sachkundiger Experte sein und die Gewähr bieten, die ihm anvertrauten Interessen uneigennützig wahrzunehmen. Er muss sein Amt treu und gewissenhaft führen und seine Aufgaben sorgfältig und ordnungsgemäß durchführen. Betriebs- und Geschäftsgeheimnisse darf er nicht für sich oder andere auswerten. Der Treuhänder muss keiner bestimmten Berufsgruppe angehören. Seine Kompetenz kann durch die Zugehörigkeit zu einer bestimmten Berufsgruppe mit sehr hoher fachlicher Qualifikation zum Ausdruck kommen. Die Tätigkeit als Treuhänder gehört z. B. zum Berufsbild des Wirtschaftsprüfers (WP).

Treuhandgiroverkehr

Treugiroverkehr; besondere Art im Effektengiroverkehr (im weiteren Sinne), deren Gegenstand nicht Wertpapiere (Sachen), sondern Forderungen sind. Die Einführung des Treuhandgiroverkehrs wurde dadurch ermöglicht, dass durch Reichsgerichts-Entscheidung anerkannt wurde, dass dem Treugeber ein Recht zur Aussonderung unter dem Gesichtspunkt der „materiellen Gerechtigkeit" zustehe. Zum Treuhandgiroverkehr gehören:

a) *Schuldbuchgiroverkehr:* Giroverkehr bezüglich Schuldbuchforderungen;

b) *Jungscheinverkehr:* Giroverkehr in noch nicht effektiv ausgegebenen jungen Aktien.

© Springer Fachmedien Wiesbaden GmbH, ein Teil von Springer Nature 2019
Springer Fachmedien Wiesbaden (Hrsg.), *280 Keywords Kreditgeschäft*,
https://doi.org/10.1007/978-3-658-23747-9_10

Überziehungskredit

Form des Kontokorrentkredits, bei dem der Kontoinhaber entweder eine vertraglich eingeräumte Überziehungsmöglichkeit in Anspruch nimmt (§ 504 BGB) oder ohne besondere schriftliche Absprache mit dem Kreditinstitut, aber mit Duldung desselben, sein laufendes Konto oder sein Kreditlimit überzieht (§ 505 BGB). Überziehungskredite gelten als eine Sonderform der Verbraucherkredite. Dennoch entfällt die in § 492 BGB für Verbraucherdarlehen vorgeschriebene Schriftform, um den bürokratischen Aufwand zu begrenzen. Hier gelten vereinfachte Informationspflichten des Darlehensgebers.

Für Überziehungskredite gelten keine betragsmäßigen Obergrenzen. Bei Überschreiten bestimmter Beträge über einen längeren Zeitraum sind Kreditinstitute jedoch verpflichtet, die Kunden hinsichtlich alternativer (kostengünstigeren) Kreditmöglichkeiten zu beraten (§ 504a BGB). Die Beratungspflicht besteht für eingeräumte Überziehungsrahmen, wenn der in Anspruch genommene Kreditbetrag ununterbrochen über einen Zeitraum von sechs Monaten durchschnittlich 75 Prozent des vereinbarten Höchstbetrages übersteigt. Bei geduldeten Kontoüberziehungen müssen Kreditinstitue bereits nach drei Monaten ein Beratungsangebot unterbreiten, wenn der durchschnittliche Überziehungsbetrag 50 Prozent des monatlichen Geldeingangs der letzten drei Monate übersteigt.

Überziehungszinsen

Zinsen für die Inanspruchnahme eines Überziehungskredits auf dem laufenden Konto. Die Überziehungszinsen werden zusätzlich zu den Sollzinsen von dem über dem Kreditlimit liegenden (überzogenen) Betrag erhoben. Nicht zulässig bei vereinbartem Überziehungskredit im Verbraucherdarlehen. Von manchen Kreditinstituten werden die Überziehungszinsen auch als Überziehungsprovision bezeichnet.

Umkehrhypothek

Auch *Immobilienrente, umgekehrte Hypothek, Reverse Mortgage* genannt, Form eines Darlehens, bei dem ein Eigentümer einer selbst bewohnten Immobilie eine monatliche Rente oder Einmalzahlung erhält und dafür sein Wohneigentum als Sicherheit verwendet. Diese in Deutschland nicht so verbreitete Finanzierungsform zur Aufbesserung der persönlichen finanziellen Situation wird in den USA und Großbritannien schon länger praktiziert.

Zielgruppe sind vor allem Senioren, die in einer eigenen Immobilie wohnen, jedoch über kein hohes Renteneinkommen und/oder Vermögen verfügen. Sie erhalten dann eine zusätzliche monatliche Zahlung oder einen einmaligen Betrag, um z. B. Modernisierungs- oder Erhaltungsarbeiten an dem Wohnprojekt durchführen zu können. Nach dem Tod des Eigentümers wird das Darlehen durch den Verkauf der Immobilie getilgt oder das Objekt geht alternativ in den Besitz des Darlehensgebers über.

Umkehrwechsel

Umgedrehter Wechsel; Wechsel, der bei der Lieferung von Waren ausgestellt und dem Bezogenen ausgehändigt wird.

Dabei wird wie folgt vorgegangen: Der Käufer bezahlt eine Warenlieferung in der Skontofrist mit Skontoabzug (früher häufig per Scheck, deshalb auch Scheck-Wechsel-Verfahren genannt). Damit wird die Warenlieferung schnell bezahlt. Gleichzeitig akzeptiert der Käufer einen vom Lieferanten ausgestellten Wechsel.

Der Käufer reicht diesen Wechsel seiner Bank zum Diskont ein und verschafft sich so die notwendige Liquidität zur Bezahlung der Waren. Der Diskontkredit ist im Vergleich zum Lieferantenkredit günstiger. Bei Fälligkeit löst der Käufer den Wechsel ein und zahlt damit gleichzeitig den aufgenommenen Wechseldiskontkredit zurück. Bei diesem Verfahren wird das übliche Vorgehen umgedreht: nicht der Aussteller ist Einreicher des Wechsels und Kreditnehmer des Diskontkredits, sondern der Bezogene, deshalb Umkehrwechsel. Der Umkehrwechsel setzt eine erstklassige Bonität des Käufers voraus, da der Lieferant mit der Ausstellung dieses Umkehrwechsels bei Nichteinlösung durch den Bezogenen haftbar gemacht werden kann.

Umsatzprovision

Entgelt für die mit der Kontoführung verbundenen Grundleistungen sowie für die Nutzung der Bankeinrichtungen, die aus dem tatsächlichen Umsatz auf dem laufenden Konto berechnet wird. Früher gebräuchlich; heute wird statt der Umsatzprovision üblicherweise eine Grundgebühr sowie eine Stückgebühr je Buchungsposten (Postengebühr) erhoben (Bearbeitungsprovision).

Umschuldung

Durch Umschuldung werden bei Zahlungsunfähigkeit des Schuldners eigentlich fällige Verbindlichkeiten umstrukturiert, indem zwischen Gläubiger und Schuldner z. B. längere Fälligkeiten, niedrigere Zinsen oder tilgungsfreie Zeiten vereinbart werden. Umschuldungen können auf privatwirtschaftlicher Ebene ebenso stattfinden wie zwischenstaatlich. Bei privaten Kreditnehmern wird die Umschuldung häufig genutzt, um mehrere Kreditverpflichtungen zusammenzufassen und so die gesamte Finanzierung neu zu ordnen. Abgesehen von der unmittelbaren finanzwirtschaftlichen Entlastung machen Umschuldungen nur Sinn, wenn eine Lageverbesserung für den Schuldner abzusehen ist. Andernfalls ist die Notwendigkeit einer weiteren Umschuldung absehbar. Bei Umschuldungen mit Staaten als Schuldnern (meist Entwicklungsländer) verhandeln die staatlichen Gläubiger meist im Pariser Club, private Gläubiger (meist Banken) im Londoner Club.

Valutakredit

In Fremdwährung gegebener bzw. aufgenommener Kredit; in der Außenhandelsfinanzierung und bei Auslandsinvestitionen häufig anzutreffen.

Verbundenes Geschäft

Geschäft, bei dem gleichzeitig ein Kauf (oder ein sonstiger Vertrag) und ein Darlehensvertrag abgeschlossen werden, wobei mit der Darlehenssumme die Gegenleistung aus dem ersten Vertrag finanziert wird. Beide Verträge gelten dann als wirtschaftliche Einheit (s. § 358 BGB, insbesondere § 358 III BGB).

Verfall

Termin, an dem eine Berechtigung endet (z. B. im Optionshandel), eine Verpflichtung zu erfüllen oder eine Schuld zu bezahlen ist (z. B. bei Schecks und Wechseln).

Verfalltag

1. *Allgemein:* Tag, an dem eine vertraglich vereinbarte Frist abläuft.

2. *Im Wechselrecht:* Der Tag, an dem ein Wechsel fällig ist. Ist der Verfalltag des Wechsels ein Sonnabend, ein Sonntag oder gesetzlicher Feiertag, so kann die Einlösung des Wechsels erst am nächsten Werktag verlangt werden. Gemäß Wechselgesetz (Art. 33 I WG) muss im Wechsel nicht ein bestimmter Tag als Verfalltag angegeben werden (Tagwechsel), sondern er kann auch auf Sicht ausgestellt sein (Sichtwechsel, fällig bei Vorlage), auf eine bestimmte Zeit nach Sicht (Nachsichtwechsel) oder auf eine bestimmte Zeit nach der Ausstellung (Dato-Wechsel).

3. *Im Scheckrecht:* Der Tag, an dem die Einlösungspflicht abläuft. Schecks sind grundsätzlich bei Sicht zahlbar. Gemäß Scheckgesetz (Art. 29 ScheckG) muss ein Scheck binnen 8 Tage zur Zahlung vorgelegt werden, wenn er im Land der Ausstellung zahlbar ist. Ist der Scheck in einem anderen Land als dem der Ausstellung zahlbar, das sich jedoch in demselben Erdteil befindet, verlängert sich die Vorlegungszeit auf 20 Tage, bei unterschiedlichen Erdteilen auf 70 Tage.

4. *Im Optionsgeschäft:* Der letzte Tag, an dem eine Optionsausübung möglich ist.

Verzinsung

Zahlung von Teilbeträgen auf den Nennwert einer ausgeliehenen Summe von Geldkapital als Preis für dessen Bereitstellung (Zins).

Vorfälligkeitsentschädigung

Vorfälligkeitsentgelt, Vorfälligkeitsgebühr; Betrag, der einem Kreditnehmer bei vorzeitiger Kündigung eines langfristigen Kredits in Rechnung gestellt wird, sofern die Möglichkeit, den Kredit vor Fälligkeit zurückzuzahlen, im Kreditvertrag nicht vereinbart ist.

Laut Bundesgerichtshof hat der Kreditnehmer einen Anspruch auf vorzeitige Tilgung z. B. bei einem Verkauf des beliehenen Objekts. Das Vorfälligkeitsentgelt kann dann über zwei *Berechnungsalternativen* ermittelt werden:

a) *Aktiv-Aktiv-Methode:* Unterstellt, dass vorzeitig zurückgeflossene Darlehensvaluta sofort wieder einem neuen Kreditgeschäft zugeführt werden können. Das Vorfälligkeitsentgelt ergibt sich bei der Aktiv-Aktiv-Methode aus einem Zinsmargen- und einem Zinsverschlechterungsschaden. Der Zinsmargenschaden resultiert daraus, dass dem Kreditgeber der für die Laufzeit des Vertrages erwartete Gewinn nicht zufließt. Der Margenschaden muss allerdings um die im Darlehenszins enthaltene Risikoprämie sowie um Verwaltungskostenanteile für die Darlehensrestlaufzeit zugunsten des Darlehensnehmers gekürzt werden. Die hieraus resultierende Nettomarge kann von der Bank bis zum Ende der Rückzahlungssperrfrist in Ansatz gebracht werden, ohne dass sie ihre interne Margenkalkulation offen zu legen hat. Nach Entscheidung des BGH ist es dem Darlehensgeber auch gestattet, den üblichen Durchschnittsgewinn von Banken gleichen Typs zu verwenden (sogenannte institutsübliche Durchschnittswerte), wobei ein Satz von 0,5 Prozent angewendet werden kann. Der Zinsverschlechterungsschaden stellt die Einbuße dar, wenn die vorzeitig zurückfließenden Mittel lediglich zu einem niedrigeren Zins erneut ausgeliehen werden können. Rechnerisch handelt es sich hierbei also um die Differenz zwischen dem Zinssatz des zurückgezahlten Darlehens und dem aktuellen Zinssatz für ein Darlehen mit einer Laufzeit, die der Restlaufzeit des Altdarlehens entspricht. Sowohl der Zinsmargenschaden als auch der Zinsverschlechterungsschaden sind auf den Zeitpunkt des vorzeitigen Darlehensrückzahlung abzuzinsen.

b) *Aktiv-Passiv-Methode:* Im Unterschied zur Aktiv-Aktiv-Methode unterstellt die Aktiv-Passiv-Methode, dass vorzeitig zurückgeflossene Darlehensvaluta in öffentlichen Kapitalmarkttiteln angelegt werden können. Die aus dieser Anlage resultierenden Zinserträge sind auf den Zinsausfall des Darlehens anzurechnen. Das Vorfälligkeitsentgelt errechnet sich folglich aus der Differenz zwischen den Zinserträgen des ursprünglichen Darlehens und den Zinserträgen von Kapitalmarkttiteln öffentlicher Schuldner, deren Laufzeit der Restlaufzeit des ursprünglichen Darlehens entspricht. Der sich ergebende Differenzwert muss ebenfalls um angemessene Beträge sowohl für ersparte Verwaltungsaufwendungen als auch für das entfallende Risiko gekürzt werden und ist mit dem für die Restlaufzeit geltenden aktuellen Zinssatz für öffentliche Kapitalmarkttitel auf den vorzeitigen Rückzahlungszeitpunkt abzuzinsen.

Vorlegungsfrist

1. *Allgemein*: Zeitraum, in dem durch Vorlage eines bestimmten Dokuments Ansprüche geltend gemacht werden können.

2. *Beim Wechsel*: Ein Wechsel ist am Verfalltag fällig und an diesem oder einem der beiden folgenden Werktage dem Bezogenen zur Zahlung vorzulegen (Art. 38 I WG). Ist der Verfalltag ein Samstag, Sonntag oder Feiertag, so ist die Zahlung erst am nächsten Werktag fällig. Falls der Wechselinhaber versäumt, den Wechsel rechtzeitig vorzulegen, verliert er alle wechselrechtlichen Ansprüche gegenüber den Indossanten und dem Wechselaussteller; die Ansprüche gegenüber dem Bezogenen bleiben allerdings bestehen (Art. 53 I WG). Vorlegungsgebote und Vorlegungsverbote sind zulässig.

3. *Beim Scheck:* Jeder Scheck ist bei Sicht zahlbar. Schecks sind innerhalb der gesetzlichen Vorlegungsfristen, die mit dem Tag der Ausstellung beginnen, zur Zahlung vorzulegen. Bei Inlandsschecks beträgt die Vorlegungsfrist zur Zahlung acht, bei Auslandsschecks aus Europa oder an das Mittelmeer angrenzenden Ländern 20 Tage und bei Schecks, die in einem anderen Erdteil ausgestellt sind, 70 Tage (Art. 29 I, II ScheckG). Ein Scheckwiderruf ist erst nach Ablauf der Vorlegungsfrist wirksam (Art. 32 I ScheckG). Versäumt der Scheckinhaber die rechtzeitige Vorlage des Schecks, verliert er seine Rückgriffsansprüche (Art. 40 ScheckG); seine Ansprüche kann er dann nur noch auf bürgerlich-rechtlichem Wege geltend machen.

4. *Bei Zins-, Renten- und Gewinnanteilscheinen:* Hier beträgt die Vorlegungsfrist vier Jahre, sofern nichts anderes vereinbart wurde. Der Anspruch aus einer Inhaberschuldverschreibung erlischt 30 Jahre nach Fälligkeit, wenn dem Aussteller das Wertpapier nicht zur Einlösung vorgelegt wurde. Wird dem Aussteller die Schuldverschreibung rechtzeitig vorgelegt, erlischt zwar nicht die Forderung, sie unterliegt jedoch der Verjährung (§ 801 BGB).

Warenkredit

Im engeren Sinne: Form eines Sachdarlehens; im weiteren Sinne: Kreditierung von Warenlieferungen. Damit wäre eine Lieferung von Waren auf Rechnung bereits ein Kredit; üblich in Industrie und im Handel (Lieferantenkredit) sowie gegenüber Konsumenten (Konsumentenkredit, Verbraucherdarlehen).

Warenlombard

Form eines Lombardkredits, bei dem Waren oder Warenwertpapiere (z. B. Konnossemente) als Sicherheit verpfändet werden. Geeignet sind nur solche Waren, die wertbeständig und marktgängig sind. Da der Kreditgeber für die Lagerung der Waren zu sorgen hat, was in der Praxis sehr aufwändig ist, wird heute eher ein Kredit gegen Sicherungsübereignung vergeben.

Warenwechsel

Handelswechsel, Wechsel, der im Rahmen eines Lieferantenkredits zur Finanzierung von Warenlieferungen sowie Dienstleistungen eingesetzt wird. Dabei stellt der Warenlieferant zur Sicherung seiner Forderung einen Wechsel aus, den der Käufer (Bezogener) akzeptiert. Auf diese Weise wird die übliche Zahlungsfrist verlängert, da der Wechsel meist eine Laufzeit von 90 Tagen hat. Heute eher ungebräuchlich.

Wechsel

1. *Begriff und Bedeutung:* Wertpapier, das die unbedingte Anweisung des Wechselausstellers an einen Bezogenen enthält, eine bestimmte Geldsumme zu einem festgelegten Zeitpunkt an ihn oder eine im Wechsel genannte Person oder deren Order zu zahlen. Der Wechsel ist eine Urkunde, dessen Form durch das Wechselgesetz vorgeschrieben ist. Als geborenes Orderpapier wird der Wechsel durch Indossament übertragen. Das verbriefte Recht kann nur bei Vorlage der Wechselurkunde geltend gemacht werden. Die Wechselforderungen bzw. Verpflichtungen aus dem Wechsel sind abstrakt, d. h. sie bestehen unabhängig von dem zugrunde liegenden Rechtsgeschäft (abstraktes Forderungspapier). Jeder, der auf einem

Wechsel unterschreibt, kann für die Annahme und Einlösung des Wechsels haftbar gemacht werden.

Der Wechsel gehörte früher zu den gängigen Instrumenten der Mittelstandsfinanzierung. Heute hat der Wechsel erheblich an Bedeutung verloren. Ein wichtiger Grund hierfür ist darin zu sehen, dass seit der Übertragung der geldpolitischen Befugnisse auf die Europäische Zentralbank (EZB) zum 1.1.1999 die Deutsche Bundesbank kein Diskontgeschäft mehr betreibt und daher die früher günstigen Refinanzierungsmöglichkeiten nicht mehr bestehen. Hinzu kommt, dass der Wechsel als nicht maschinenlesbare Urkunde einen hohen Bearbeitungsaufwand mit sich bringt, sodass eine elektronische Abwicklung nicht möglich ist.

2. *Funktionen des Wechsels:* Der Wechsel erfüllt im Wesentlichen drei Funktionen:

(1) Zahlungsmittelfunktion: Die Weitergabe eines Wechsels kann anstelle einer Zahlung erfolgen. Dabei erfolgt die Zahlung „erfüllungshalber", denn die ursprüngliche Schuld erlischt erst mit der Einlösung des Wechsels.

(2) Kreditfunktion: Eine Kreditgewährung ergibt sich insbesondere daraus, dass durch das Akzept die effektive Zahlung des Bezogenen um die Laufzeit des Wechsels hinausgeschoben wird.

(3) Sicherungsfunktion: Durch die im Wechselgesetz festgelegten strengen Vorschriften (Wechselstrenge) und durch die Loslösung vom Grundgeschäft können Wechselforderungen auch bei Nichteinlösung schneller als Buchforderungen durchgesetzt werden.

3. *Formen des Wechsels:* Wechselrechtlich unterscheidet man zwei Arten von Wechseln: den gezogenen Wechsel, auch Tratte genannt (Art. 1 ff. WG) und den eigenen Wechsel, auch Solawechsel genannt (Art. 75 ff. WG). Der gezogene Wechsel ist eine Anweisung des Wechselausstellers (Gläubiger) an den Bezogenen (Schuldner), den im Wechsel festgelegten Betrag zu einem bestimmten Zeitpunkt an den Begünstigten zu zahlen („Gegen diesen Wechsel zahlen Sie..."). Wenn der Bezogene diese Forderung durch Unterschrift akzeptiert hat, nennt man diesen Wechsel auch Akzept. Der gezogene Wechsel kann an die eigene Order, d. h. des Ausstellers, lauten (üblich, wenn der erste Wechselnehmer noch nicht fest-

steht) oder auch auf den Aussteller selbst gezogen werden (trassiert-eigener Wechsel). Gemäß Art. 1 WG muss der gezogene Wechsel acht Bestandteile aufweisen. Fehlt eine dieser Angaben (z.B. der Verfalltag), handelt es sich um einen Blankowechsel. Bei einem Solawechsel verspricht der Aussteller, an einem bestimmten Tag oder bei Sicht eine bestimmte Summe zu zahlen („Gegen diesen Wechsel zahle ich..."). Der Solawechsel hat nur sieben gesetzliche Bestandteile, da die Angabe des Bezogenen entfällt (Art. 75 WG).

Wechsel lassen sich nach verschiedenen Kriterien einteilen, beispielsweise nach der Art des Grundgeschäfts (Handelswechsel oder Finanzwechsel), nach der Fälligkeit (Tagwechsel – an einem bestimmten Tag fällig, Datowechsel – eine bestimmte Zeit nach dem Tage der Ausstellung fällig, Sichtwechsel – fällig bei Vorlage oder ein Nachsichtwechsel – fällig eine bestimmte Zeit nach Sicht), nach dem Akzeptanten (Bankakzept oder Debitorenziehung) oder nach der Einlösungsstelle (Zahlstellen- oder Domizilwechsel).

4. Ablauf des Wechselgeschäfts: Wechsel werden überwiegend im Rahmen von Lieferantenkrediten eingesetzt. Dabei stellt der Lieferant den Wechsel aus und lässt diesen vom Käufer unterschreiben, d.h. der Lieferant zieht eine Tratte auf den Bezogenen, der den Wechsel akzeptiert. Der Aussteller kann den Wechsel bis zum Einlösetag als Sicherheit aufbewahren und ihn dann dem Käufer zur Bezahlung vorlegen. Der Aussteller kann aber auch seine eigenen Verbindlichkeiten durch die Weitergabe des Wechsels bezahlen. Die Übertragung erfolgt durch Indossament, das auf der Rückseite des Wechsels angebracht wird und den Namen desjenigen enthält, an den der Wechsel weitergegeben wird. Bei Liquiditätsbedarf kann der Aussteller auch den Wechsel seiner Bank zur Diskontierung anbieten. Kauft die Bank den Wechsel an, erhält der Aussteller einen Diskontkredit. Dabei wird ihm der Wechselbetrag abzüglich Zinsen und Spesen ausgezahlt.

Am Fälligkeitstag wird der Wechsel dem Hauptschuldner (Bezogener) zur Zahlung vorgelegt. Bei Zahlung erlischt die Wechselschuld. Wenn der Bezogene die Wechselsumme nicht oder nur teilweise leistet, wird der Wechsel notleidend. Der Inhaber des notleidenden Wechsels kann auf seine Vormänner Rückgriff nehmen (Art. 43 WG). Voraussetzung dafür ist ein Wechselprotest. Alle, die einen Wechsel ausgestellt, angenommen, indossiert oder aber mit einer Bürgschaftserklärung versehen haben, haften gegenüber dem Wechselinhaber als Gesamtschuldner (Art. 47 WG).

Dabei braucht sich der Wechselinhaber nicht an die Reihenfolge halten, sondern kann bei jedem beliebigen Indossanten oder dem Aussteller Rückgriff nehmen (Wechselrückgriff). Gegebenenfalls kann ein Ehreneintritt durch Ehrenzahlung eines Dritten zugunsten eines Wechselverpflichteten erfolgen (Art. 55 ff. WG). Im Fall eines erfolglosen Rückgriffs kann Wechselklage gegenüber dem Bezogenen erhoben werden. Aufgrund der Wechselstrenge lassen sich Wechselforderungen schnell durchsetzen.

5. *Umsatzsteuerliche Besonderheiten:* Wird der Wechsel zur Diskontierung weitergegeben, ist im Rahmen dieses Diskontkredits neben Spesen Wechseldiskont zu zahlen. Der Wechseldiskont unterliegt grundsätzlich der Umsatzsteuer. Da der Ankauf von Wechseln durch ein Kreditinstitut nicht umsatzsteuerpflichtig ist (gemäß § 4 Nr. 8a UStG sind Kreditgeschäfte umsatzsteuerbefreit), betrifft das nur einen Diskontkredit zwischen Unternehmen anderer Bereiche. Allerdings wirkt sich der Diskont für den Wechselaussteller umsatzmindernd aus, denn der Aussteller erhält nicht die gesamte Forderung aus seinem Warengeschäft gutgeschrieben. Deshalb kann der Wechselaussteller seine Umsatzsteuerschuld anteilig kürzen (im Sinne von § 17 I UStG). Der Bezogene ist davon zu benachrichtigen, da dieser wiederum seine Vorsteuer berichtigen muss. Wechselspesen dagegen zählen zu den umsatzpflichtigen Entgelten und reduzieren nicht die Umsatzsteuerhöhe.

Wechsel-Scheck-Verfahren

Scheck-Wechsel-Verfahren; Umkehrwechsel; beschreibt eine besondere Vereinbarung zwischen einem Warenlieferanten und einem Käufer, wie die Bezahlung erfolgen soll.

Wechselaussteller

Derjenige, der die Wechselurkunde ausfertigt und weitergibt. Der Aussteller des Wechsels muss voll geschäftsfähig sein.

1. Bei einem *gezogenen Wechsel* weist der Aussteller (Gläubiger) den Bezogenen (Schuldner) an, den Wechselbetrag zu einem bestimmten Zeitpunkt an einen Begünstigten (Wechselnehmer) zu zahlen. Der Aussteller haftet gegenüber dem Begünstigten für die Annahme und Zahlung des Wechsels (Art. 9 I WG). Allerdings muss der Aussteller nur dann zahlen, wenn der Bezogene die Zahlung verweigert.

2. Bei einem *Solawechsel* (eigener Wechsel) gibt der Aussteller das unbedingte Zahlungsversprechen ab, den Wechselbetrag zum angegebenen Zeitpunkt an den Wechselnehmer (Inhaber des Wechsels) zu zahlen. Da hier Aussteller und Bezogener identisch sind, haftet der Aussteller allein.

Wechselbürgschaft

Wechselaval; schriftliche Verpflichtungserklärung eines Dritten (auch einer anderen Person, deren Unterschrift sich schon auf dem Wechsel befindet), für die Wechselverbindlichkeiten eines Bezogenen (Avalakzept), Wechselausstellers oder Indossanten einzustehen (Art. 30 ff. WG). Die Bürgschaftserklärung muss auf den Wechsel oder einen Anhang gesetzt werden (Art. 31 WG). Ein Wechselbürge haftet in der gleichen Weise wie derjenige, für den er sich verbürgt hat, und zwar als Gesamtschuldner (Art. 32,1 und 47,1 WG).

Wechselbürgschaften sind immer selbstschuldnerische Bürgschaften (§ 773, 1 Nr. 1 BGB), aus denen ein Wechselbürge sofort in Anspruch genommen werden kann, wenn der Schuldner seinen Zahlungsverpflichtungen nicht nachkommt. Mit der Bezahlung des Wechsels (Wechseleinlösung) erhält der Wechselbürge alle Rechte aus der Wechselurkunde gegenüber demjenigen, für den er sich verbürgt hat, und gegen alle, die diesem gegenüber wechselmäßig haften (Art. 32,3 WG). Wechselbürgschaften werden bei Außenhandelsfinanzierungen im Zusammenhang mit dem Verkauf von Wechselforderungen durch den Exporteur eingesetzt (Forfaitierung). Sie kommen allgemein in Deutschland selten vor.

Wechseldomizil

Ort, an dem ein Wechsel zahlbar gestellt ist.

Wechselfähigkeit

Fähigkeit, Träger von Rechten und Pflichten aus einem Wechsel zu sein (Wechselrechtsfähigkeit) und diese durch eigene Handlungen zu begründen (Wechselgeschäftsfähigkeit).

1. *Wechselrechtsfähigkeit:* Diese Eigenschaft kommt allen natürlichen Personen und juristischen Personen zu. Personenhandelsgesellschaften (Personengesellschaften) stehen wegen ihrer Quasi-Rechtsfähigkeit (§§ 124 I, 161 II HGB) den juristischen Personen insoweit gleich. Nach höchstrichterlicher Rechtsprechung ist sogar die Gesellschaft bürgerlichen Rechts (GbR) scheck- und damit auch wechselfähig.

2. *Wechselgeschäftsfähigkeit:* Natürliche Personen müssen geschäftsfähig sein. Beschränkt Geschäftsfähige (Minderjährige) bedürfen zur Eingehung von Wechselverbindlichkeiten nicht nur der Zustimmung des gesetzlichen Vertreters, sondern auch der Genehmigung durch das Familiengericht (§§ 1643 I, 1822 Nr. 9 BGB).

Wechselgeschäft

Geschäft, das Kreditinstitute im Rahmen des Wechselverkehrs übernehmen. Dazu gehört

a) der Ankauf von Wechseln für eigene Rechnung (Diskontgeschäft) oder auftragsweise für fremde Rechnung (Wechselkommission),

b) der Einzug von Wechseln für Kunden (Wechselinkasso),

c) die Einlösung von Wechseln (Funktion einer Zahlstelle),

d) die Gewährung von Akzeptkrediten und Wechsellombardkrediten und

e) sonstige Aufgaben wie z. B. das Einholen von Akzepten.

Aufgrund der geänderten gesetzlichen und wirtschaftlichen Rahmenbedingungen, insbesondere durch den Wegfall der Refinanzierungsmöglichkeiten bei der Deutschen Bundesbank, hat das Wechselgeschäft erheblich an Bedeutung verloren.

Wechselklage

Klage, mit der ein Anspruch aus einem Wechsel geltend gemacht wird. Wenn ein Bezogener den Wechsel nicht einlöst und ein Wechselrückgriff erfolglos geblieben ist, kann gegen den Bezogenen Wechselklage erhoben werden. Mit Erhebung der Klage wird ein Wechselprozess eingeleitet. Da der Wechselprozess eine besondere Form des Urkundenprozesses ist, erhält der Kläger rasch einen vollstreckbaren Titel (§§ 602 – 605 ZPO).

Ins. sind die Einlassungsfristen sehr kurz (Zeit zwischen Klagezustellung und Verhandlungstermin), als Beweismittel sind nur Urkunden zugelassen (Wechsel, Protesturkunde) und die Einwände des Beklagten können sich nur auf die Urkunden beziehen (z. B. Fälschung der Unterschrift oder Verjährung).

Andere mögliche Einreden können nur in einem gesonderten Nachverfahren in Form eines Zivilprozesses durchgesetzt werden. Falls keine Einreden des Beklagten zu erwarten sind, kann alternativ ein kostengünstigerer Wechselmahnbescheid beantragt werden.

Wechselkredit

Allgemein ein Kredit, der durch einen Wechsel gesichert ist. Eine Form dieses Kredits ist der Akzeptkredit und als Sonderform des Akzeptkredits im internationalen Handel der Rembourskredit. I.wS. gehört auch der Diskontkredit dazu. Da jedoch der Diskontkredit vom Wechselschuldner (Bezogenen) zurückgezahlt wird, liegt rechtlich gesehen keine Kreditvergabe, sondern ein Forderungsverkauf an das Kreditinstitut vor (außer bei Solawechseln). Auch kann der Lieferantenkredit zu den Wechselkrediten gezählt werden, wenn der Lieferant zur Absicherung seiner Forderung einen Wechsel auf den Abnehmer seiner Waren oder Dienstleistungen zieht (gezogener Wechsel).

Wechsellombard

Beleihung von Wechseln durch ein Kreditinstitut. Die Vergabe von Lombardkrediten spielt im Kreditgeschäft keine besondere Rolle.

Wechselnehmer

Remittent; derjenige, an den oder an dessen Order bei Fälligkeit eines Wechsels die Wechselsumme gezahlt werden soll. Die Angabe des Wechselnehmers im Wechseltext ist zwingend erforderlich, damit der Wechsel rechtlich gültig ist. Wenn der Wechselnehmer mit dem Wechselaussteller identisch ist, handelt es sich um einen Wechsel an eigene Order. Bei einem Wechsel an fremde Order ist ein Dritter Wechselnehmer, diesem ist der akzeptierte Wechsel auszuhändigen.

Wechselobligo

Gesamtbetrag aller Wechselverbindlichkeiten eines Kunden bei einem Kreditinstitut. Für die laufende Kontrolle aller möglichen Haftungsverpflichtungen eines Kunden aus Wechselgeschäften führt das Kreditinstitut ein Einreicher- und ein Bezogenenobligo. Die Diskontkreditlinie gibt den Betrag an, bis zu der ein Kreditinstitut bereit ist, Wechsel zum Diskont anzukaufen.

Wechselprolongation

Verlängerung der Zahlungsfrist eines Wechsels. Eine Wechselprolongation kann erforderlich werden, wenn der Bezogene bei Fälligkeit des Wechsels die Wechselsumme nicht oder nur teilweise zahlen kann. In diesem Fall vereinbaren der Wechselaussteller und der Bezogene die Ausstellung und Akzeptierung eines neuen Wechsels (Prolongationswechsels). Das Schuldverhältnis aus dem ursprünglichen Wechsel bleibt weiterhin bestehen. Der Schuldner (Bezogene) erhält so die Möglichkeit, zu einem späteren Zeitpunkt als dem Verfalltag zu zahlen.

Sofern der Aussteller den ursprünglichen Wechsels besitzt, gibt er diesen an den Bezogenen zurück (oder er vernichtet diesen) und stellt einen neuen Wechsel aus, der vom Bezogenen zu akzeptieren ist. Wenn der Aussteller den ursprünglichen Wechsel jedoch einer Bank zum Diskont eingereicht oder einem Lieferanten weitergegeben hat, ist die Wechselsumme am Verfalltag zu leisten, um einen Wechselprotest zu vermeiden. Daher wird der Aussteller dem Bezogenen die Wechselsumme zur Einlösung des alten Wechsels vorstrecken. Bei der Festlegung des Wechselbetrags für den neuen Wechsel werden sowohl eine mögliche Teilleistung berücksichtigt als auch zusätzliche Kosten und Zinsen, die der Bezogene zu tragen hat.

Für Dritte ist der neue Wechsel nicht als Prolongationswechsel erkennbar. Auch wenn dem ursprünglichen Wechsel ein Handelsgeschäft zugrunde gelegen haben sollte, handelt es sich bei einem Prolongationswechsel immer um einen Finanzwechsel.

Wechselprotest

Amtliche Beurkundung eines Notars oder Gerichtsvollziehers, dass ein ordnungsgemäß vorgelegter Wechsel am Fälligkeitstag vom Bezogenen nicht angenommen oder bezahlt wurde (Art. 44, 79 WG). Die Protesterhebung ist eine notwendige Voraussetzung für den Wechselrückgriff. Der Wechselprotest ist auf der Wechselrückseite oder auf einem zusätzlich angebrachten Blatt anzubringen (Art. 81 WG). Bei den Formen des Wechselprotests (Art. 44 WG) unterscheidet man:

a) Protest mangels Annahme: Wird erhoben, wenn dem Bezogenen der Wechsel vorgelegt wird, dieser jedoch die Annahme verweigert. Diese Protestform kann während der gesamten Laufzeit des Wechsels erhoben werden, nach dem Verfalltag ist dies nicht mehr möglich.

b) Protest mangels Zahlung bei Verfall: Wird erhoben, wenn der Bezogene den rechtzeitig vorgelegten Wechsel nicht einlöst. Der Wechselprotest kann nur an einem der beiden auf den Fälligkeitstag folgenden Werktage erhoben werden, wobei Samstage nicht als Werktage gelten.

c) Protest mangels Sicherheit (Protest mangels Zahlung vor Verfall): Wird erhoben bei Zahlungseinstellung oder erfolgloser Zwangsvollstreckung in das Vermögen des Bezogenen nach erfolgter Vorlegung der Wechselurkunde. Ein Wechselprotest ist nicht notwendig, wenn über das Vermögen des Zahlungspflichtigen ein Insolvenzverfahren eröffnet worden ist. Hier genügt die Vorlage des Gerichtsbeschlusses zur Ausübung des Rückgrifffsrechts.

Wird der Bezogene nicht angetroffen (Windprotest, Abwesenheitsprotest) oder sind die Geschäftsräume oder die Wohnung des Bezogenen nicht zu ermitteln (Wandprotest, Nachforschungsprotest), so kann trotzdem Protest erhoben werden (Art. 87 WG). Für die Durchführung des Wechselprotests sind bestimmte Formvorschriften einzuhalten (Art. 79 ff. WG). Setzt ein Wechselaussteller oder Indossant eine Protesterlassklausel (z. B. „ohne Kosten" oder „ohne Protest") auf den Wechsel, so verpflichtet er sich, bei Rückgriff ohne vorangegangenen Protest zu zahlen (Art. 46 WG). Wird dennoch Protest erhoben, braucht er die Kosten des Protests nicht zu übernehmen. Ist die Protesterlassklausel vom Aussteller auf dem Wechsel vermerkt, so bezieht sie sich auf alle Wechselverpflichteten, ein Indossant kann den Wechselprotest nur für sich selbst ausschließen.

Nach der Protesterhebung hat die Benachrichtigung (Notifikation) der Wechselverpflichteten zu erfolgen (Art 45 WG): Der Wechselinhaber muss den Aussteller und seinen unmittelbaren Vorbesitzer innerhalb von vier Tagen und jeder Indossant seinen unmittelbaren Vorindossanten innerhalb von zwei Tagen benachrichtigen.

Wechselreiterei

Austausch von Gefälligkeits-Akzepten, die Personen oder Unternehmen gegenseitig auf sich ziehen, um sich dadurch liquide Mittel zu verschaffen (z. B. durch einen Diskontkredit). Da hier kein Waren- oder Dienstleistungsgeschäft zugrunde liegt, handelt es sich um reine Finanzwechsel, die auch als Reitwechsel bezeichnet werden. Werden bei Fälligkeit wieder neue Wechsel ausgestellt und zum Diskont gegeben, um mit diesen ausgezahlten Kreditmitteln die Wechselverbindlichkeiten aus den alten Wechseln zu erfüllen, kann es sich um einen Betrug handeln, wenn tatsächlich mangelnde Zahlungsfähigkeit vorliegt (§ 263 StGB).

Wechselrückgriff

Wechselregress; die Inanspruchnahme von Wechselverpflichteten im Falle eines notleidenden Wechsels. Wird der Wechsel vom Bezogenen nicht oder nur teilweise eingelöst und ist mit der Einlösung nicht mehr zu rechnen, wird der Wechsel als notleidend bezeichnet. In diesem Fall kann der Wechselinhaber gegenüber anderen Wechselverpflichteten (Wechselaussteller, Indossanten oder Wechselbürgen) Rückgriff nehmen (Art 43 WG).

Voraussetzung für den Rückgriff ist ein Wechselprotest und die Protesturkunde. Dementsprechend kann ein Wechselrückgriff mangels Annahme, mangels Zahlung oder mangels Sicherheit erfolgen. Alle, die auf einem Wechsel unterschrieben haben, haften gesamtschuldnerisch: der Wechselaussteller, der Bezogene, die Indossanten, soweit sie ihre Haftung nicht ausgeschlossen haben, und eventuell die Wechselbürgen, die eine selbstschuldnerische Bürgschaft abgegeben haben. Daher kann der Wechselinhaber jeden einzelnen Wechselverpflichteten, allein oder gemeinsam mit anderen, in Anspruch nehmen, ohne an eine Reihenfolge gebunden zu sein: beim Reihenregress wendet sich der Wechselinhaber an seinen unmittelbar vorangehenden Indossanten, beim Sprungregress wählt der Wechselinhaber einen anderen Wechselschuldner aus. Der Wechselinhaber kann im Rahmen dieses Rückgriffs seine Ansprüche durch eine Rückrechnung geltend machen, die sich aus folgenden Positionen zusammensetzt (Art. 48 WG):

a) die nicht eingelöste Wechselsumme;

b) Zinsen in Höhe von 2 Prozent über dem Basiszinssatz, den die Deutsche Bundesbank regelmäßig gemäß § 247 BGB veröffentlicht, mindestens jedoch 6 Prozent;

c) die Protestkosten, Kosten der Benachrichtigung und sonstige Auslagen;

d) eine Provision in Höhe von maximal 1/3 Prozent der Wechselsumme.

Jeder Wechselverpflichtete, der einen zurückgereichten Wechsel eingelöst hat, kann wiederum seine Rückgriffsansprüche gegenüber seinen Vorbesitzern geltend machen, indem er eine Rückrechnung aufstellt (Art. 49 WG). Da die Rückgriffsansprüche letztlich zurück bis zum Aussteller geltend gemacht werden können, ist es empfehlenswert, sich im Rahmen des sogenannten Sprungregresses direkt an den Aussteller zu wenden.

Wechselstrenge

1. *Allgemein:* Alle wechselrechtlichen Vorschriften, durch die der Wechsel seine besondere Rechtssicherheit und Umlauffähigkeit erhält und durch die sich Wechselforderungen schnell durchsetzen lassen.

2. *Formelle Wechselstrenge:* Für die Gültigkeit des Wechsels sind verschiedene Form- und Fristvorschriften einzuhalten (z. B. Schriftform, gesetzliche Bestandteile gemäß Art.1 und 75 WG, Vorlegungsfristen). Darüber hinaus lassen sich aufgrund der Vorschriften zum Wechselprotest und Wechselrückgriff (insbesondere Art. 43 ff. WG) Ansprüche unter erleichterten Bedingungen durchsetzen.

3. *Materielle Wechselstrenge:* Beim Wechsel handelt es sich um ein abstraktes Wertpapier, das losgelöst von dem zugrunde liegenden Rechtsgeschäft Ansprüche verbrieft. Einwände aus dem Grundgeschäft (z. B. mangelhafte oder unvollständige Ware, Gewährleistungs- oder Schadensersatzansprüche) können nach Ausstellung des Wechsels die Haftung der Wechselverpflichteten nicht mehr einschränken. Im Falle eines Wechselprozesses kann der Kläger schnell einen vollstreckbaren Titel erhalten, da es sich bei diesem Urkundenprozess um ein beschleunigtes Verfahren handelt (§§ 602–605 ZPO).

Weitere Deckungswerte

1. *Begriff aus dem Pfandbriefgesetz (PfandBG):* § 4 des PfandBG verlangt die jederzeitige Deckung der umlaufenden Pfandbriefe nach dem Barwert, der die Zins- und Tilgungsverpflichtungen berücksichtigt (sogenannte Deckungskongruenz). Der Barwert der eingetragenen Deckungswerte muss den Barwert der zu deckenden Verbindlichkeiten um zwei Prozent übersteigen (sichernde Überdeckung). Die in § 4 PfandBG vorgeschriebene Deckung kann jedoch auch in volumenmäßig begrenztem Rahmen durch „Weitere Deckungswerte" erfolgen (§ 19 PfandBG): durch Geldforderungen gegen die Europäische Zentralbank (EZB), gegen Zentralbanken der Mitgliedsstaaten der Europäischen Union oder gegen geeignete Kreditinstitute im Sinne des § 4 I Satz 2 Nr. 3 PfandBG, sofern die Höhe der Forderungen der Pfandbriefbank bereits bei Erwerb bekannt ist; durch bestimmte Schuldverschreibungen nach § 20 I PfandBG; durch Ansprüche aus Derivategeschäften im Sinne des § 4 III Satz 2.

2. *Ziel:* Im Gegensatz zum früheren Hypothekenbank-Recht, in dem die sogenannte „Ersatzdeckung" vor allem einen überbrückenden Zweck verfolgte, dienen die „Weiteren Deckungswerte" im Sinne des im Jahre 2005 erlassenen PfandBG der Förderung der Liquidität in den Deckungswerten.

Die Deckungsmassen bestehen aus einer Vielzahl von Vermögenswerten mit unterschiedlichen Laufzeiten, Zinsen und Währungen. Da die hiergegen ausstehenden Pfandbriefe hinsichtlich dieser Aspekte nicht völlig kongruent zu den Deckungsmassen sein können, ist es erforderlich, liquide und flexible Vermögenswerte wie Forderungen gegen Kreditinstitute in die Deckungsmassen aufnehmen zu können. Zur Gewährleistung des sicheren Grundcharakters der Deckungswerte dürfen diese jedoch nur maximal 10 Prozent des Gesamtbetrages der jeweiligen Pfandbriefart ausmachen. Weitere natürliche Inkongruenzen können Zins- und Währungsrisiken in den Deckungsmassen verursachen. Diese Risiken können durch gegenläufige Aktiva oder den Einsatz von Derivaten ausgeglichen werden.

Wholesale Banking

Im Gegensatz zum Retail Banking (Privatkundengeschäft) das in der Regel großvolumige Bankgeschäft mit juristischen Personen (Firmenkundengeschäft), vor allem mit Industrie- und Handelsunternehmen sowie Finanzinstituten.

Zahlungsaufschub

Möglichkeit, die Zahlung geschuldeter Abgabenbeträge gegen Sicherheitsleistung auf einen späteren Zeitpunkt hinauszuschieben. Bei Einfuhrabgaben und Ausfuhrabgaben und Verbrauchsteuern kann die Zahlung fälliger Beträge gegenüber der zuständigen Zollverwaltung auf Antrag des Steuerschuldners beim zuständigen Hauptzollamt gegen Sicherheitsleistung hinausgeschoben werden, soweit die Steuergesetze dies bestimmen. Der Zahlungsaufschub zwischen einem Unternehmer und einem Verbraucher wird im § 506 BGB geregelt.

Zedent

Allgemein: Derjenige, der im Rahmen einer Zession eine Forderung (bzw. ein Recht) abtritt.

Im Kreditgeschäft ist der Zedent der Kreditnehmer (Altgläubiger), der eine Forderung als Kreditsicherheit an den Kreditgeber (Neugläubiger) abtritt;

im Versicherungswesen ist der Zedent der Erstversicherer oder Rückversicherer, der Anteile der von ihm versicherten oder rückversicherten Risiken gegen eine Prämie an einen Rückversicherer abgibt (auch: zediert).

Zession

Abtretung und Weitergabe eines Risikos durch den Erstversicherer (Zedent) an den Rückversicherer (Zessionär).

Zessionär

Rückversicherer, der einem Erstversicherer Rückversicherungsschutz gewährt.

Zollbürgschaft

Avalierung von Einfuhrabgaben durch seitens der Finanzverwaltung zugelassene Kreditinstitute als selbstschuldnerische Bürgschaft im Auftrage von Spediteuren oder Importeuren, die ein offenes Zolllager unterhalten und Importabgaben bis zum Weiterverkauf/Weiterverarbeitung der Waren stunden lassen. Begünstigte des Avals ist die Zollverwaltung. Spediteure lassen sich bei Importen Zölle oder Einfuhrabgaben gegen Bürgschaft stunden und ziehen diese später von Importeuren ein. Das Verfahren beschleunigt die Abwicklung der Geschäfte und den Transport.

Zwischenkredit

Kurzfristiger Überbrückungskredit, der zur Vorfinanzierung bis zur Ablösung durch bereits zugesagten langfristigen Kredit gegeben wird, besonders häufig in der Baufinanzierung (Baugeldkredit), wo nach Fertigstellung des Hauses die Refundierung durch einen Hypothekarkredit erfolgt.

springer-gabler.de

Christian Glaser

Leasing A – Z
Kennzahlen für die Steuerung
von Leasing-Gesellschaften

2. Auflage

Springer Gabler

Jetzt im Springer-Shop bestellen:
springer.com/978-3-658-09252-8

MIX
Papier aus verantwortungsvollen Quellen
Paper from responsible sources
FSC® C105338

If you have any concerns about our products,
you can contact us on
ProductSafety@springernature.com

In case Publisher is established outside the EU,
the EU authorized representative is:
Springer Nature Customer Service Center GmbH
Europaplatz 3, 69115 Heidelberg, Germany

Printed by Libri Plureos GmbH
in Hamburg, Germany